BLUE BOOK OF TALENT DEVELOPMENT
IN ZHEJIANG PROVINCE

浙江人才发展蓝皮书

（2023）

中共浙江省委人才工作领导小组办公室
浙江省人才发展研究院　编

ZHEJIANG UNIVERSITY PRESS
浙江大学出版社
·杭州·

图书在版编目（CIP）数据

浙江人才发展蓝皮书. 2023 / 中共浙江省委人才工
作领导小组办公室，浙江省人才发展研究院编. -- 杭州：
浙江大学出版社，2024. 9. -- ISBN 978-7-308-25464-9

Ⅰ. C964.2

中国国家版本馆 CIP 数据核字第 2024404KQ7 号

浙江人才发展蓝皮书（2023）

中共浙江省委人才工作领导小组办公室
浙江省人才发展研究院 编

策划编辑	吴伟伟
责任编辑	陈逸行
责任校对	马一萍
封面设计	刘依群
出版发行	浙江大学出版社
	（杭州市天目山路 148 号 邮政编码 310007）
	（网址：http://www.zjupress.com）
排 版	浙江大千时代文化传媒有限公司
印 刷	浙江新华数码印务有限公司
开 本	787mm×1092mm 1/16
印 张	10.25
字 数	189 千
版 印 次	2024 年 9 月第 1 版 2024 年 9 月第 1 次印刷
书 号	ISBN 978-7-308-25464-9
定 价	68.00 元

前　　言

　　2023 年是浙江人才工作历史上不平凡的一年。在"八八战略"实施二十周年之际,习近平总书记来到浙江考察,提出浙江要在以科技创新塑造发展新优势上走在前列。① 一年来,浙江深入学习贯彻习近平总书记关于做好新时代人才工作的重要思想,认真贯彻落实党中央、省委关于人才工作的重要部署,坚持聚天下英才而用之,全方位培养、引进、用好人才,持续营造人才创新创业环境,着力推动教育、科技、人才一体化发展,为"两个先行"提供了有力的人才支撑。

　　《浙江人才发展蓝皮书(2023)》是本年度浙江人才引领驱动发展的客观记录,也是浙江强力推进创新深化改革攻坚开放提升、持续推进科技创新和人才强省首位战略的生动见证。全书共分为四个部分,总报告是《人才强省二十年　科创塑造新优势》,由浙江省人才发展研究院系统归纳浙江省二十年来坚持人才强省、科教兴省战略所取得的教育、科技、人才发展上的显著成效;人才理论篇重点关注人才工作新格局下的新发展理念及成果,该篇收录了浙江省人才发展研究院多名专家的理论研究文章,包括人才谱系建设、人才工作协同体系构建、人才开发模式等专题;人才队伍篇主要介绍了浙江各地推进各类人才队伍建设的思路和举措,包括强化青年科技人才队伍、集聚高层次人才、解决人才困境等;人才生态篇介绍了构建创新人才生态、强化人才支撑的路径与成果;优秀案例篇收录了浙江省部分地市人才工作创新优秀案例。全书约 18.9 万字。

　　书稿的形成和编辑,得到了浙江省委人才工作领导小组各成员单位,有关省、市、县(市、区)人才工作部门,以及部分高校院所、企事业单位的大力支持,在此我们深表感谢。由于文稿来源多样,本书涉及的有关统计数据、研究结论可能不尽一致,

---

① 始终干在实处走在前列勇立潮头　奋力谱写中国式现代化浙江新篇章[N].人民日报,2023-09-26(1).

仅供读者参考,使用时请注意核对和鉴别,并欢迎广大读者对书中的疏漏和错误之处给予批评指正。我们将不断提高编辑出版水平,为关心支持浙江省人才发展事业的各界人士奉献更多高质量成果。

目　　录

人才生态篇

优秀案例篇

总报告

人才强省二十年　科创塑造新优势

　浙江省人才发展研究院课题组

2003年，作为改革发展先行地的浙江迎来发展转型的重大挑战。一方面，浙江是"七山一水二分田"的资源小省，存在资源禀赋和供给上的"先天不足"；另一方面，彼时浙江正处在工业化发展的瓶颈期，面临粗放式经济增长带来的生态环境问题、社会治理问题等"成长的烦恼"。"八八战略"强调"发挥八个方面的优势，推进八个方面的举措"，涵盖经济、政治、文化、社会、生态文明建设和党的建设方方面面，构成了重塑浙江发展模式的系统性方案，形成了引领浙江迈向高质量发展的总体性方略，给出了"形势怎么看""路子往哪走"的"世纪之答"。二十年的时间证明了这一战略蕴含的深刻力量。从资源小省到经济大省，从外贸大省到开放强省，从环境整治到美丽浙江，浙江发展正在全面转型升级，之江大地实现了精彩蝶变的跃升。

"积极推进科教兴省、人才强省"是"八八战略"的重要内容之一。这两大战略举措既精准地抓住了现实环境中浙江发展后劲不足的症结，又以世界眼光牢牢把握了全球化发展、技术进步提供的机遇，并结合浙江极为深厚的文化积淀、人才资源优势，前瞻性地指出科技创新、人才支撑是解决这一困境的根本途径，是构筑新动能、塑造新优势、实现高质量发展的关键。二十年来，浙江深入实施科技创新和人才强省首位战略，坚持人才教育科技一体化发展，通过系统性谋划，为在推进共同富裕和中国式现代化建设中发挥示范引领作用提供了有力的科技和人才支撑。

一、浙江教育、科技、人才发展成果总结:2003—2022 年

(一)教育兴省成效持续凸显

二十年来,浙江省坚持把教育摆在优先发展的战略地位,围绕建成教育强省、服务人才强省和创新强省建设的总要求,大力推进教育现代化,统筹推进教育改革工作,全面提高人口基本素质,全省各级各类教育主要发展指标达到了高收入国家平均水平,教育现代化建设和高等教育强省建设取得丰硕成果。

1. 人口素质全面提升

浙江目前已经具备了总体实现教育现代化的现实基础:教育普及化水平继续全国领先,基础教育总体发展水平持续走在全国前列,职业教育整体发展实力进入全国第一方阵,高等教育内涵发展提速,办学实力显著提升。2022 年,全省从学前三年到高中段的十五年教育普及率超过 99%。高等学校由 2002 年的 60 所增加到 2022年的 117 所,高等教育毛入学率从 20.0% 升至 66.3%,2003—2022 年累计培养输出本专科毕业生 459.5 万人、研究生 25.1 万人。大量有知识、有文化的高素质人才涌入社会,有效支撑了经济社会的发展。

2.人才培养机制更加贯通融合

多年来,浙江探索建立从基础教育到高等教育的科技创新后备人才贯通式培养模式,持续实施浙江省"中学生英才计划"、青少年高校科学营,组织开展五项学科奥林匹克竞赛、青少年科技创新大赛等全国性赛事和国际性赛事。建设省级青少年科技活动服务专家库,发动两院院士、国家杰出青年科学基金获得者、中国青年科技奖获得者等 1000 余名科技工作者入库。组建高校人才工作联盟,分别组建本科院校人才工作联盟、高职高专院校人才工作联盟,确立学习交流、业务研究、合作引才、服务协同和项目攻关等 5 项重要任务,建立联盟公约、项目研究、联合引才、资源共享等 9 项工作机制,构建优势互补、信息互通、发展互助的高校人才工作共同体。出台《关于推进博士创新站建设的指导意见》,搭建博士创新站平台,通过促进青年博士与中小型企业建站合作和技术攻关,铺就产学研用合作新赛道,有效打通高校、科研院所与企业的人才交流合作通道,促进青年人才成长成才,探索教育、科技、人才的一体化协同发展。

3.高等教育综合实力不断增强

世界一流学科建设取得新进展,在第五轮学科评估中,全省共有 52 个 A 类学科

入选,除浙江大学外,7所地方高校入选了9个A类学科,23所高校的119个学科进入基本科学指标数据库(Essential Science Indicators,简称ESI)全球前1%,其中3所高校13个学科进入全球前1‰。浙江大学、西湖大学、浙江工业大学等8所高校成功获批首批省人才发展体制机制综合改革试点单位。引进国内外优质教育资源,与北京理工大学、北京航空航天大学签订战略合作协议,截至2022年底,全省高校中外合作办学机构达22所,居全国第三位。

4.职业教育实现高水平融合发展

坚持促进就业和适应产业发展需求的办学导向,推进职业院校专业与行业产业对接。截至2021年底,全省中职学校专业布点2553个,高职院校专业布点1631个,现代农业、先进制造业、现代服务业等领域比重持续优化。校企合作有力促进产教融合,培育建设省级产教融合联盟13个、示范基地20个、试点企业106家、工程项目63个、协同育人项目204个。浙江不断深化复合型技术技能人才培养培训模式和评价模式改革,持续推进学历教育与职业培训相结合,累计有170余所职业院校的15.3万余人参与"1+X"证书制度试点。持续优化办学体系,15所国家级高水平高职院校和专业群建设院校正在加快建设,有力打造了技术技能人才培养高地和创新服务平台。中高职一体化人才培养取得明显成效,长学制人才培养占中职招生的比例逐年增长,已有13所中职学校、14所高职院校参与中高职一体化人才培养改革。

(二)科技创新体系更加完善

1.系统布局重大科创平台和战略科技力量

坚持"一廊引领、区域联动",加快推进以杭州城西科创大走廊为主平台,宁波甬江、温州环大罗山等为重要支撑的科创走廊体系建设。完成以国家实验室为龙头的新型实验室体系、技术创新中心体系"双10"布局,加快浙江大学、西湖大学等高水平大学培育和一流学科建设,省、市、县三级联动推进新型研发机构培育建设,扎实推进科创强基重大项目,不断提升体系化创新能力。

2.加速推进产业链与创新链"两链融合"

建立健全"微成长、小升高、高壮大、大变强"的企业梯次培育机制,加快建设面向产业的创新服务综合体,不断强化企业科技创新主体地位。截至2022年底,浙江省所拥有的国家级专精特新"小巨人"和单项冠军企业数量跃居全国第一位,企业技术创新能力稳居全国第三位。大力建设全省域国家科技成果转移转化示范区,率全国之先打造科技成果转化集成改革模式,不断完善技术要素市场化配置机制,加快构建辐射全国、链接全球的技术交易体系,形成科技成果"先用后转"、技术要素市场化配置等先进改革做法。

3.加快搭建科技创新合作网络

浙江积极开展全球科技精准合作"云对接"系列活动,构建由国际科技合作基地、海外创新孵化中心、国际联合实验室、企业海外研发机构等四类载体组成的国际科技合作平台,不断强化全球科技精准合作。加快建设长三角科创共同体、创新城市群,区域联动、省域协同的开放创新生态加快形成。

4.不断拓宽科技创新投入渠道

二十年来,浙江持续加大研发投入,截至 2022 年底,全省研发投入总量达 2350亿元,是 2003 年的 72 亿元的 32.6 倍,研发强度从 2003 年的 0.78% 提升到 2022 年的 3.11%。同时,不断加快科技金融深度融合步伐,积极建设杭州、嘉兴科创金融改革试验区,设立省科创母基金,注重投早、投小、投硬科技。截至 2022 年底,浙江省创新引领基金累计设立子基金 25 个,总规模 89.69 亿元,带动社会资本跟投超过500 亿元,共有"浙科贷"试点银行 13 家,惠及企业近 1.4 万家,全省专利、商标质押项目数和融资金额再创新高。

(三)人才队伍建设成效显著

截至 2022 年底,全省人才总量达到 1481.78 万人,比 2003 年的 273.09 万人[①]增长 4.43 倍;每万人口中人才资源数为 2898 人[②],比 2003 年(600 人)增长 3.83 倍。其中,高技能人才、农村实用人才、社会工作专业人才、专业技术人才总量分别达到395.2 万人、140.0 万人、15.6 万人、638.6 万人,各支人才队伍规模快速壮大,结构持续优化,效能不断跃升。

1.多途径集聚国内外一流科技人才

近年来,浙江大力实施"鲲鹏行动"计划、省高层次人才特殊支持计划,面向重要产业和科学技术领域,引进培育高层次人才和创新创业团队。大力实施海外引才,吸引全球诺贝尔奖得主等世界顶尖科学家、院士、青年科学家代表来浙。浙江高度重视青年人才引进和本土培育工作,由多部门联合共推青年科技人才引育,已经对接全国 2700 多所高校和 5500 多个国家级重点科研平台,绘制人才"联络图"。浙江还积极开展"百万大学生招引行动",高频次、常态化举办线上线下招聘活动,加强博士后工作站建设,加快引进青年人才。

---

① 根据《2003 年浙江省国民经济和社会发展的统计公报》给出的每万人口中人才资源数 600 人和《浙江统计年鉴2008》给出的 2003 年底浙江省总人口数 4551.58 万人计算得出。

② 根据 2022 年全省人才资源总数和《浙江统计年鉴 2023》给出的 2022 年底浙江省总人口数计算得出。

2. 积极探索卓越工程师培养路径

聚焦数字工程、先进制造、前沿工程技术领域，制定出台浙江省卓越工程师培养工程实施意见，研究制定卓越工程师认定办法，大力实施海外工程师引进计划，加快卓越工程师引进培养速度。探索推进"一个特色产业＋一个共性技术平台＋一批共享工程师"的模式，积极开展工程师协同创新中心深化建设工作。截至2022年7月，全省累计建设省级试点14个，引进研发团队281个、全职工程师4277人、兼职工程师5110人。

3. 持续推动工匠人才队伍建设

实施新时代浙江工匠培育工程，开展职业技能等级"新八级"制度试点工作，积极打破技能人才成长"天花板"，着力打通高技能人才与专业技术人才职业发展通道，推进职称制度与职业资格、职业技能等级制度有效衔接。加强职业技能培训平台建设，加快建设高技能人才公共实训基地、技能大师工作室，全面优化高技能人才发展生态。截至2022年底，全省技能人才总量达1195万人，占从业人员比例达到30.7%。

4. 全面升级乡村振兴人才培育体系

着力构建省、市、县、乡四级乡村人才培育体系，全面推动农民大学省级校区、市级农民学院、县级农民学校、乡镇成校、省级实训基地、农民田间学校等载体建设。大力实施乡村产业振兴带头人培育"头雁"项目，率先在全国完成首批800名带头人培育任务。以"千万农民素质提升工程"为载体，培育高素质农民和农村实用人才23.5万人次，入库高素质农民和农村实用人才达到140万人。截至2022年底，全省乡村人才队伍总量超210万人，已累计培育农创客超过4万名，平均每名农创客能带动18名农民就业，推动了农村经济发展，提升了农民收入水平。

5. 稳步建设社会事业人才队伍

浙江一直重视引进培育教育、卫生等社会事业领域高层次人才，截至2022年底，全省高校省部级及以上各类高层次人才达5000余人，其中国家级人才近3000名。全省卫生人员（含村卫生室）总数73.17万人，其中卫生专业技术人员61.28万人，各项指标均居全国前列。持续壮大宣传文化和法治人才队伍。实施宣传思想文化领域"十四五"重点人才项目、"百名文化名家"引育工程，加快宣传文化后备人才、哲学社会科学高层次人才引进培育。积极推进法治统筹、立法、行政执法、司法领域人才体制机制改革，全面推动法律服务人才队伍建设。

（四）人才治理能力不断提升

1. 人才工作数字化改革加速推进

各地各部门围绕各自人才工作重点，分类别建立"人才大数据""人才地图""人才画像"。如省科协围绕"鲲鹏行动"计划，遴选86名省内顶尖、国内一流的人才建设信息库。宣传部门建立由640名浙籍学者和98名浙籍文艺名家组成的人才信息库，省卫生健康委员会遴选539名专家组成浙江省第一批健康科普专家库等，不断夯实人才信息底座。积极开发"浙里人才之家""浙里工程师""智慧校园""浙里医才""浙派工匠"等应用场景，扩展"人才码"应用功能和服务半径，推动"人才链""信息链""服务链""决策链"一体化，在为人才提供更好的服务的同时推动人才工作降本增效、科学决策。

2. 多部门协同治理网络稳步建构

创新党管人才方式方法，在各人才组织创建党组织，探索完善党组织聚才育才新路径。不断健全"一把手"抓"第一资源"的责任体系。充分发挥组织部门牵头抓总作用，通过常态化人才例会，设立人才专班等方式，完善跨部门沟通协作机制，打造人才工作"省市县纵向畅通，跨部门横向有效"的治理网络，推动人才工作整体智治。

（五）人才发展生态尽显活力

1. "一站式"人才服务体系持续完善

持续开展人才行政审批服务"最多跑一次"改革、人才创新创业全周期"一件事"改革、全省域"线上线下"人才服务综合体建设，重塑人才服务流程，打通人才服务板块，全面推动人才服务标准化、信息化、集成化、个性化，积极推进人才服务部门联动、省域打通、精准供给。

2. "高品质"人才生活保障更加完备

多年来，浙江不断制定完善加强人才住房支持的各项政策，继续推进人才公寓、保障性租赁住房、人才驿站等建设，完善各层次人才补贴、租房补贴等补贴标准，提高留人力度。高度重视人才子女教育问题，通过创办学校、人才子女择校等方式解决人才子女受教育问题。针对国际人才，浙江加速人才服务国际化进程，积极建设国际医院、国际门诊部、国际学校，提供绿色通道、多语种翻译等便捷服务，全方位营造适合国际高端人才创新发展的医疗环境和子女受教育环境。

二、浙江人才工作主要举措

二十年来,浙江在坚持党管人才、广聚天下英才、提升人才培养能力、完善人才发展体制机制、营造良好生态环境方面开展了大量工作,取得了显著成绩。

(一)充分发挥党管人才制度优势

浙江深入落实"党管人才"原则,坚决贯彻落实党中央对人才工作的指示和要求,不断完善党管人才体制机制,改进党管人才方式方法,坚持"一把手"抓"第一资源",由各级党委主要领导亲自推进重点人才工作,亲自联系对接高层次人才。不断完善人才工作目标责任制考核和述职评议制度,把人才工作成效作为考核党政领导特别是"一把手"的重要内容。2017年开始,每年组织开展人才工作述职评议会议,将人才工作列为落实党建工作责任制情况述职的重要内容。不断完善人才工作例会机制,围绕人才和平台发展需求,进行清单管理、多跨协同、闭环落实,把党管人才落到实处。目前,浙江党建统领、整体智治、高效协同的人才工作格局已经形成,人才服务质量和人才工作效率全国领先。

(二)始终坚持聚天下英才而用之

浙江始终坚持面向全球,不拘一格,广纳英才。立足浙江经济社会发展需求,积极制定出台面向各类人才群体的引才政策,统筹推进各类引才项目。支持各地各部门因地制宜创新引才路径,杭州等地在全国率先走出市场化引才道路,积极发挥用人主体、引才中介、行业协会、投融资机构在引才用才中的作用,充分发挥市场在人才资源配置中的作用。鼓励各地打开柔性引才渠道,积累了大批柔性引才的浙江经验。在全省布局搭建高水平引才育才平台,引导人才向高能级战略平台、开发区(园区)、"万亩千亿"新产业平台等重点人才平台集聚。加快实现全球引才、全球用才,鼓励各用人主体积极布局海外人才飞地,搭建海外创新研发基地,多种形式举办高层次引才活动,与多个国家和地区签订科技合作协议。

除了大力引进全球顶尖人才,浙江也重视本土人才和青年人才的引进工作。近年来,浙江重点围绕自然科学和工程技术领域,优化支持政策,同时通过与海内外知名院校开展合作,推进博士创新站建设,加快建设大学生实习基地和创新创业园,加大青年硕士、博士和大学生招引力度。此外,浙江也高度重视人才的区域均衡发展,不断推进甬舟、杭衢、温丽、嘉湖等地区间人才一体化发展,形成联动城市人才共引、资源共享的协同发展格局。不断深化科技特派员制度,在开展"双下沉、两提升"的基础上,主动实施医疗卫生"山海"提升工程,不断完善跨区域的人才流动机制。

(三)不断提升人才自主培养能力

浙江围绕为党育人、为国育才的理念,不断提升人才培养能力。针对科技人才、工匠人才、经营管理人才、乡村振兴人才、重点产业人才等重点人才队伍持续制定和更新人才培育政策。如针对本土青年人才培养,探索建立从基础教育到高等教育的科技创新后备人才贯通式培养模式;又如在全国率先开展职业技能等级"新八级"制度试点工作,在提升高技能人才学历水平上也做了大量尝试,不断拓宽高技能人才职业发展前景。持之以恒建设完善各类人才培育平台,充分发挥高层次人才的人才梯队培养和建设作用,院士专家工作站、大师工作室已经遍地开花。积极推动人才培养主体和用人主体共同开展人才培育工作,如推动海内外知名高校院所与浙江省企业共建博士后工作站,截至"十四五"中期已建成811家。系统化搭建本土人才培养体系,以乡村振兴人才培养为例,截至2021年7月,已经构建起省、市、县、乡四级乡村人才培育体系,建成农民大学省级校区9个、市级农民学院11个、县级农民学校70所、乡镇成人学校400余所、省级实训基地50家、农民田间学校350所。除了推进2.5年学制的本专科教育,还按照农业MBA(工商管理硕士)的培养要求建立起了乡村振兴高水平人才的培养机制。

(四)大力推进人才发展体制机制改革

在人才发展体制机制改革上,浙江一直走在全国前列。围绕"向用人主体放权,为人才松绑"的要求,经过二十年的努力,浙江的人才管理机制更加灵活。按照市场化、社会化的方向,积极推进用人单位自主评价工作,将人才的认定、评价和奖励的权限下放给地方和用人单位,在各地推行"专家举荐制""法人举荐制"等制度,鼓励第三方人才评价机构、行业协会参与人才评价。在人才集聚度高的领域实施人才管理体制改革,如建立新型科研管理体制,深化科研领域"放管服"改革,推进"人才科创体制改革"等。

人才评价激励机制更加科学。近年来,浙江不断深化"亩均论英雄"评价激励体系,将各类人才密度纳入"亩均论英雄"各类用人单位评价综合改革工作。构建使命与贡献并重、物质与精神并举、激励与约束并行的科研人员收益分配和激励机制。推出"赛马"机制、"召集人"制度,通过竞聘上岗、民主推荐等方式,打破年龄、学历、资历、身份等对人才的限制。此外,在职称评审自主评聘改革、职业技能等级评价、薪酬福利制度改革方面都进行了大胆尝试。

人才创新创业机制更加完善。不断清除人才创业创新中遇到的阻碍,为人才高质量创新创业提供条件。一是持续优化人才"双创"服务,如持续推进企业开办、注销、准入经营等领域"一件事"改革。二是不断优化人才"双创"的市场环境。打造全链条人才发展金融支持体系,如设立风险补偿资金、支持银行建立人才金融服务,鼓励帮助各类风投创投机构等参与人才"双创"等,有效降低人才投融资风险和成本。三是积极完善人才权益保障机制。2023年1月1日,《浙江省知识产权保护和促进条例》实施生效,建立知识产权行政裁决简易程序、知识产权技术调查官等一批全国首创制度,保护人才权益成效更加明显,知识产权权利人维权更加便捷。

（五）积极营造良好人才发展生态

浙江围绕打造"人才生态最优省"的目标,先后开展了"五位一体"人才生态优化工程、"营造优良生态办好八件人才实事"等工作,持续优化人才生态环境。积极打造"一站式"人才服务体系。近年来,浙江借助数字化改革东风,持续推进服务流程数字化改造,完善浙江"人才码",实现人才办事"一站入口"、生活"一码畅享"、服务"一呼百应"。坚持人才无小事,集中解决住房、子女教育、医疗等人才面临的现实问题,研究制定了加强人才住房支持工作的指导意见,继续推进人才公寓、保障性租赁住房、人才驿站等的建设,不断提高各项人才补贴标准,通过创办学校、出台人才子女择校政策等方式解决人才子女受教育问题。持续开展人才宣传工作,建立完善的人才荣誉体系,提高人才社会知晓度、美誉度,积极营造识才、爱才、敬才、用才的社会氛围,建立人人皆可成才的社会环境。经过二十年的努力,浙江的人才生态已经焕然一新。

三、浙江教育、科技、人才"三位一体"发展新思路

进入新时代,以习近平同志为核心的党中央不断强化对中国式现代化内涵和本质的深刻把握,在党的二十大报告中首次对教育、科技、人才工作进行专题部署和系统谋划,为新时代加快建设教育强国、科技强国、人才强国提供了根本遵循和行动指南。教育、科技、人才是以创新为核心并相互作用的有机整体,是系统化实现中国式现代化的内在要求。加快推进教育科技人才一体化,是推进中国式现代化的重要引擎,是体制机制创新的重要内容。

站在新的历史起点,面对复杂严峻的国际形势和先进地区的竞争挤压,浙江省须始终遵循"八八战略"指引的方向,贯彻落实习近平总书记考察浙江重要讲话精神,统筹推进教育、科技、人才"三位一体"。对浙江省而言,"三位一体"的本质在于教育、科技、人才等相关要素加速集聚,通过教育、科技、人才势力的壮大及相关主体

的互相融合、互相作用,共同推动创新生态系统能级的提升,最终形成基于人的全面发展的开放创新生态。

（一）强化"三位一体"顶层设计和整体规划

坚持和加强党对教育科技人才工作的全面领导,充分发挥各级党委和政府重大创新领导者、组织者的作用,强化系统布局、系统组织、跨越集成。坚持原始创新、集成创新、开放创新一体设计,有效贯通基础研究、应用研究、试验开发与产业发展。围绕重点产业领域出台相应的法律法规,从教育科技人才战略规划、体制改革、资源统筹、综合协调、督促检查入手,推进教育、科技、人才项目与工程一体化部署,促进教育项目兼容科技创新、科技创新促进人才培养、人才培养反哺科技与教育发展。建立教育科技人才中长期发展规划联动编制机制,推进制定浙江省教育、科技、人才"三位一体"的发展规划和行动方案,制定从产业所需、源头创新、人才培养到教育优化的全链条政策体系,完善跨区域、跨部门、跨领域协同创新机制、重大问题会商沟通机制和落实推进机制,推动教育、科技、人才高水平协调发展。

（二）建立健全"三位一体"统筹推进机制和政策体系

在进一步强化省委对全省人才工作的统筹协调的同时,贯彻落实党中央关于地方机构改革的决策部署,在省委科技强省建设领导小组的基础上设立省委科技委员会,作为省委重大议事协调机构,推进教育、科技、人才"三位一体"协同融合发展。省委科技委员会坚持完善党对科技工作集中统一领导的体制,健全新型举国体制浙江路径,加强对省域创新体系建设的顶层设计和统筹协调,承接好国家重大科技任务,实现对全省教育科技人才一体推进工作的统筹,形成教育、科技、人才协同融合发展合力。加强教育、科技、人才融合发展,围绕重点产业领域联合制定发布政策,促进三者协同发展、螺旋互促和动能转化。对原有散落在各职能部门的相关政策进行梳理整合、系统集成、优化升级,解决政策部门化、碎片化问题,共同破除体制机制障碍,最大限度发挥各类政策的叠加效应。加快构建一体化数据平台,自动归集高校、新型研发机构、企业、人才等相关数据资源,破除部门间、地区间数据壁垒。结合数字政府建设完善工作流平台,完善工作成效动态追踪机制,实现闭环管理。打通政策落地"最后一公里",强化政策靶向性和差异性。

（三）推进"三位一体"试点,深化体制机制创新

深化完善教育、科技、人才一体化试点,以"机制＋案例"方式探索教育、科技、人才一体化推进浙江模式。坚持以试点带动面上改革的中国特色渐进式改革路径,牢固树立改革全局观,把握教育、科技、人才各方面改革试点的内在联系,加强"三位一

体"试点工作统筹,将试点延伸至高校、科研院所、新型研发机构等组织层面。围绕重点产业领域,以教育、科技、人才一体化推进为主题,加快建立大院名校赋能产业、科教资源下沉服务、科教融汇协同育人、链接全球开放创新、区域统筹一体推进等机制。鼓励有条件的试点地区和科创走廊在产业、教育资源集中的区域,规划"教科人"一体化园区或集聚区,在给予新型研发机构招生名额、所得税减免优惠、以产科融合为导向优化人才评价体系、建立科普教育基地等方面开展突破性探索和试验。根据试点推进情况,择优提炼一批试点经验和典型案例,凝练教育、科技、人才一体化推进浙江路径,争取形成重大改革创新成果,推动"一地创新、全省共享""浙江创新、全国推广"。

(四)构建"三位一体"科学评价机制

加强考核评价和宣传引导,围绕高质量发展这一全面建设社会主义现代化国家的首要任务,加强政策目标协同,关注短期、立足长期、注重协调,加力提效,深入推进教育、科技、人才一体化发展。深入剖析重点行业、重点领域、重点地区面临的主要困难,梳理教育、科技、人才一体化推进的短期问题和长期问题,制定项目清单、任务清单,并避免"唯指标"的倾向。聚焦标志性成果产出、科技成果转化、一流人才团队引育、支撑产业发展等重点方面,因地制宜,分别从省级层面、市级层面、县级层面建立完善教育、科技、人才一体化推进的综合评价机制。迭代完善目标责任清单,强化定期评估、跟踪分析,着力解决教育、科技、人才一体化推进过程中出现的新问题。

课题组成员:陈丽君、苗青、陈诗达、周佳、朱蕾蕊、傅衍

人才理论篇

共同富裕视角下我国人才谱系建设

一、引　言

党的十九届五中全会首次提出"扎实推动共同富裕"的重大历史课题,党的二十大深刻指出,中国式现代化是全体人民共同富裕的现代化,其本质要求是坚持中国共产党领导,实现全体人民共同富裕。

新时代共同富裕的内涵是全体人民共同富裕,提高人民福祉和缩小收入差距是其基本特征。随着我国劳动力供给规模的持续下降与素质结构的整体改善,人才红利对人口红利的替代效应逐步增强,人才成为做大共同富裕"财富蛋糕"的先进生产力基础,也是弥合区域差距、优化"蛋糕分配"的基本发展要素。落后地区想要实现跨越式发展,脱贫攻坚成果想要更加稳固,人才是最重要的变量。由此,构建多行业、多领域、多层次人才支撑体系是高质量实现共同富裕的重要举措,是各项事业发展的坚强组织保证和经济高质量发展的智力支持。

人才发展与共同富裕是建成社会主义现代化强国的两个重要概念,均有各自的讨论视域。人才发展研究密切关注人才的时代性内涵,分析人才强国战略从"追赶""攀登"到"夺标"的历史演进[1],提出高质量发展阶段的人才治理新路径[2],以及自立自强的科技人才政策优化思路[3]等。关于共同富裕方面的研究,较多在中国特色社

---

① 孙锐.实施新时代人才强国战略:演化脉络、理论意涵与工作重点[J].人民论坛·学术前沿,2022(18):92-101.
② 孙锐,吴江.构建高质量发展阶段的人才发展治理体系:新需求与新思路[J].理论探讨,2021(4):135-143.
③ 陈凯华,郭锐,裴瑞敏.我国科技人才政策十年发展与面向高水平科技自立自强的优化思路[J].中国科学院院刊,2022(5):613-621.

会主义理论体系视角下,探讨其与乡村振兴[①]、教育[②]、公共服务[③]和数字普惠金融[④]的关系。但几乎没有研究将人才发展置于推动共同富裕的新历史阶段背景中进行讨论,其中包括二者的关联性研究。一是历史回顾不充分,尚需回答:新中国成立以来,围绕共同富裕命题,我国人才谱系如何演进? 映射了当期何种共同富裕内涵? 二是发展重点论述不明晰,尚需回答:新发展阶段的共同富裕使命对人才谱系建设内容提出了哪些要求? 其中的推演逻辑是什么? 三是问题针砭不透彻,尚需回答:新时代共同富裕背景下的人才谱系建设面临哪些挑战? 应如何应对? 因此,面向"第二个百年"新征程,从共同富裕制度的历史发展视角梳理我国人才谱系建设的内容与演进特征,推演新时代共同富裕目标赋予人才谱系的规划任务和建设重点,剖析共同富裕背景下人才谱系建设面临的挑战与破解思路,具有重要的现实指导意义。

二、共同富裕理论逻辑下我国人才谱系发展历程

共同富裕理论具有深远的思想渊源。先秦时期,《礼记·礼运》便提出"天下为公"的"大同"思想,描述了一幅财产共有、老少孤寡者皆有所养的乌托邦画面,可视为共同富裕的思想起点和文化源头;孙中山提出"三民主义"的民主革命纲领,是"孔子所希望的大同世界"的一次社会尝试,尤其是"民生主义"倡导的"平均地权"体现了贫富均等理念;十月革命一声炮响,给中国送来了马克思主义,马克思从资本主义两极分化的对立面提出共同富裕思想,主张"以所有人的富裕为目的"。此后,中国共产党人将马克思主义中国化,对共同富裕的发展构想进行了科学实践[⑤],弥合了作为理想甚至空想的共同富裕与作为实现路径的共同富裕之间的巨大鸿沟。新中国成立以来,我国领导人不断丰富共同富裕思想,不同时期的共同富裕观也奠定了人才谱系的变迁逻辑。

(一)平均主义共同富裕观(1949—1977 年):党政人才、科技人才队伍建设

1953 年 12 月 16 日,中共中央通过了《关于发展农业生产合作社的决议》,提出

① 燕连福,郭世平,牛刚刚.新时代乡村振兴与共同富裕的内在逻辑[J].西北农林科技大学学报(社会科学版),2023(2):1-6.
② 刘复兴.教育与共同富裕——建设促进共同富裕的高质量教育体系[J].教育研究.2022(8):149-159.
③ 胡志平.基本公共服务促进农民农村共同富裕的逻辑与机制[J].求索.2022(5):117-123.
④ 田瑶,赵青,郭立宏.数字普惠金融与共同富裕的实现——基于总体富裕与共享富裕的视角[J].山西财经大学学报.2022(9):1-17.
⑤ 白龙,翟绍果."天下大同"与"天下共富":共同富裕的历史逻辑与实践路径[J].西北大学学报(哲学社会科学版),2022(2):83-92.

了"使农民能够逐步完全摆脱贫困的状况而取得共同富裕和普遍繁荣的生活"的目标[1],这是"共同富裕"在中共中央文件中的首次出场。1949—1978 年,"共同富裕"制度化理念体现为高度集中的计划分配制和单一分配制。其中,最为典型的两项制度分别为 1955 年前实行的以包揽为特征的国家机关人员供给制与 1956 年起实施的以低工资为特征的八级工资制。前者主要面向革命老干部、国家机关和事业单位人员,实行生活必需品免费供给的分配制度,体现了平均主义倾向。后者允许不同地区与技术等级存在工资差异,但相同部门、行业和产业保持统一的工资标准。因此,该阶段强调报酬由国家制定标准与调节,分配模式不能实现收入与价值相匹配,低差异最终导致平均的贫穷。

尽管这一时期共产党人对共同富裕的探索出现了"平均主义"偏差,但不等于抛弃对共同富裕物质基础与生产力发展的追求。围绕社会主义经济建设,中共中央确立了有重点、有投入的人才谱系推进工作制度。一是建立党政人才队伍建设管理模式。新中国成立初期,干部数量激增。为提高干部的专业化程度,1953 年中共中央下发《关于加强干部管理工作的决定》,提出逐步建立分部、分级管理干部的制度[2],并先后配套了干部录用、考核、奖惩、培训、工资、交流、退休等系列制度。二是团结改造知识分子。以人才机构成立为起点的科学研究体系逐渐形成。1949 年中国科学院成立。1952 年高等院校院系调整后,我国初步形成了以中国科学院为中心,由高等院校和产业部门等组成的科学研究体系。同时,国家通过多种方式争取海外科学家回国以及派遣人员到苏联等国家留学。

(二)先富带动后富观(1978—2002 年):"四个现代化"人才队伍建设

1978 年,党的十一届三中全会明确了社会主义建设的新思路。以邓小平同志为主要代表的中国共产党人意识到必须打破平均主义,允许一部分人、地区、企业先富起来,发挥示范作用,带动其他地区和人群后富。在有差别、有先后的共同富裕观下,解放和发展生产力是第一要务。以江泽民同志为主要代表的中国共产党人进一步丰富了先富观,提出"效率优先、兼顾公平"的分配原则[3],我国开始实行以按劳分配为主体、多种分配方式并存的分配制度改革。市场经济体制改革也带动了人才资源的市场化配置,以专业技术人才和管理人才为主体的人才大市场初步建立。

在这一阶段,人才队伍建设体现了服务于"四个现代化"的宗旨。在该阶段,党中央开启了科技教育战线的拨乱反正,恢复重建人才体系,积极落实知识分子政策,

---

① 中共中央文献研究室.毛泽东文集:第六卷[M].北京:人民出版社,1999:442.
② 中共中央文献研究室.建国以来重要文献选编:第四册[M].北京:中央文献出版社,1993:573.
③ 中共中央关于建立社会主义市场经济体制若干问题的决定[M].北京:人民出版社,1993:19.

充分发挥人才的生产属性,重点解决了两个问题。一是干部管理体制问题。1993年,国务院发布《国家公务员暂行条例》,开启国家公务员科学管理体系建设工作。1997年,人事部印发的《1996—2010年全国人才资源开发规划纲要》提出,要建设一支高素质的干部队伍。同时,人事制度改革从机关单位扩展到公立科研机构、公立医院等事业单位,科研机构也开始实行人事分类管理。二是探索建立适应新型科技体制要求的科技人才引进与激励保障体系。在社会主义现代化建设起步阶段,经济发展依靠人才开发与科技进步。一方面,1983年,中共中央、国务院出台了《关于引进国外智力以利四化建设的决定》等政策文件,旨在一手加大国外人才的引进力度,一手放松在出入境居留方面的管制;另一方面,国家出台了《中华人民共和国科学技术进步奖励条例》等激励政策,试办博士后科研流动站、试行博士后研究制度,鼓励科技人员向工农业生产一线流动,并着力实施"百千万人才工程"、国家自然科学基金、国家杰出青年科学基金等人才培养计划。这些组合性措施有助于激发存量科技人员的积极性,营造人才辈出、人尽其才的良好环境。

(三)经济社会统筹发展观(2003—2012年):高素质人才队伍扩容建设

进入21世纪后,中国特色社会主义现代化建设迈入新的阶段。2003年,党中央总结国内外经验,提出科学发展观等重大战略思想,其中包含城乡、区域和经济社会多维统筹的发展理念,实现了从"效率优先"到"统筹兼顾效率与公平"的话语转变。为了实现经济社会的全面统筹发展,中共中央召开第一次全国人才工作会议,提出人才资源已成为最重要的战略资源,要大力实施人才强国战略,指出坚持党管人才原则是人才工作沿着正确方向前进的根本保证。[1] 在党的十七大报告中,"人才强国"首次与"科教兴国""可持续发展"并驾齐驱,成为社会主义发展的三大战略之一。[2] 面对激烈的国际人才争夺、与发达国家人才资源差距日益扩大以及社会主义事业建设迫切需要大量人才等问题,该阶段重点解决人才"从哪来""够不够"问题。

围绕人才强国战略目标,国家推进有组织的人才开发活动以及高强度的人力资本、高等教育投入。2010年,中共中央、国务院印发的《国家中长期人才发展规划纲要(2010—2020年)》提出,要统筹推进党政人才、企业经营管理人才、专业技术人才、高技能人才、农村实用人才和社会工作人才队伍建设工作。在上述六支人才队伍中,国家尤为重视高技能人才和专业技术人才队伍建设,重点培育现代农业、现代制

① 中共中央国务院关于进一步加强人才工作的决定[EB/OL].(2003-12-26)[2022-10-28].https://www.gov.cn/test/2005-07/01/content_11547.htm.

② 胡锦涛.高举中国特色社会主义伟大旗帜 为夺取全面建设小康社会新胜利而奋斗——在中国共产党第十七次全国代表大会上的报告[M].北京:人民出版社,2007:15.

造、信息技术、能源技术和现代管理等领域的中高级技术专家，从而建立与人才强国战略目标相匹配的人才力量储备。高技能人才与专业技术人才培养、考核评价、竞赛选拔、技术交流、表彰激励、合理流动、社会保障等机制也得到了进一步完善。以上措施的实施使得表征人才队伍规模性与素质性的指标，如人才总量、高技能人才占技能人才的比重、受教育年限、人才贡献率等的数值大幅提升。该阶段的人才队伍扩容对实现人才强国和小康社会目标发挥了巨大作用。

（四）新时代共同富裕观（2013年至今）：人才队伍内涵式发展建设

党的十八大以来，习近平总书记围绕共同富裕"是什么""为什么""怎么推动"等问题展开了系列论述。[①] 新时代共同富裕观的思想创新主要包括：提出"以人民为中心"的"物质—精神"双维度富裕内涵，共同富裕要回归人民"美好生活"品质；明确了共同富裕在经济问题之外的更深层次意义，它是关系党执政基础的重要政治问题；精准扶贫等贫困治理方法为世界范围的贫困治理提供了方案与智慧，全面脱贫的重大历史性成就奠定了共同富裕的底线基础。[②] 共同富裕是实现中华民族伟大复兴中国梦的重要内容和第二个百年奋斗目标的重要环节。在这宏大的历史使命背景下，人才强国战略作为支撑中华民族伟大复兴总体战略的二级战略，其内涵、思路具有鲜明的时代性，并随着国家的发展要求而迭代。因此，党的十九大作出"人才是实现民族振兴、赢得国际竞争主动的战略资源"的重大判断[③]，开启了大规模的人力资源开发活动，政策工具及体制机制也进入系统性变革时期；党的二十大突破性地将教育、科技和人才作为一个整体，视为全面建设社会主义现代化国家的基础性、战略性支撑[④]。在这一阶段，人才发展的战略布局并非仅仅解决人才"够不够"的数量问题，还要解决人才"好不好"的质量问题、绩效问题和活力问题。

确立人才国际竞争优势是此阶段人才队伍建设的中心任务。一是确立人才制度优势，突破束缚人才发展的体制机制障碍，激发人才创新活力成为自上而下的共识。2016年，随着《关于深化人才发展体制机制改革的意见》的印发，人才体系建设

① 习近平.关于《中共中央关于全面深化改革若干重大问题的决定》的说明[N].人民日报.2013-11-16(1)；习近平.决胜全面建成小康社会 夺取新时代中国特色社会主义伟大胜利——在中国共产党第十九次全国代表大会上的报告[M].北京：人民出版社.2017；习近平.在庆祝中国共产党成立100周年大会上的讲话[M].北京：人民出版社.2021：12.

② 徐佳辉.黄蓉生.习近平"共同富裕"重要论述三重意蕴论析[J].思想战线.2022(4)：10-19.

③ 习近平.决胜全面建成小康社会 夺取新时代中国特色社会主义伟大胜利——在中国共产党第十九次全国代表大会上的报告[M].北京：人民出版社.2017：64.

④ 习近平.高举中国特色社会主义伟大旗帜 为全面建设社会主义现代化国家而团结奋斗——在中国共产党第二十次全国代表大会上的报告[M].北京：人民出版社.2022：33.

进入全面制度改革的新阶段。[①] 在生产关系变革的制度层面,仍以发挥市场在人才资源配置中的主体作用为主线,以知识价值分配制度改革、扩大科研人员自主权改革、破"五唯"人才市场化分类评价改革等放权松绑的破冰举措解放人才思想,释放人才活力。[②] 二是构建人才新发展格局,靶向建设战略性人才队伍。立足改革开放以来的人才规模性建设基础以及新阶段的人才发展要求,人才队伍建设重心已从解决底数问题发展到解决核心力量构筑问题。2021 年,中央人才工作会议提出,要建成世界重要人才中心和创新高地,推动高水平科技自立自强[③],这要求锚定世界人才强国目标,建设一支与"四个面向"目标相契合,具有创新创业高效能、顶尖人才集聚、高素质青年人才活力迸发的队伍。

三、共同富裕视角下人才发展的目标指向

2020 年,我国全面建成小康社会,实现了第一个百年奋斗目标,历史性地解决了绝对贫困问题。2021 年 8 月 17 日,中央财经委员会第十次会议专题研究扎实促进共同富裕问题,提出要"坚持以人民为中心的发展思想,在高质量发展中促进共同富裕"[④]。

相较于平均主义共同富裕观和先富带动后富观,当前在高质量发展中促进共同富裕有四个新特征:一是以高质量发展为理念,即在高水平上实现全社会福祉与福利总量不断提高;二是以"扩中""提低"为主线,即让更多人成为中等收入群体,增加群众获得感,扩大美好生活惠及面;三是以城乡统筹为发展原则,即实现高质量的城乡统筹和高水平的城乡融合;四是以发展成果共享为内涵,即让改革发展成果广覆盖、广惠及。围绕这四大特征,这一阶段的人才队伍建设重点应集中在四个领域。

(一)高质量发展理念与科技创新人才队伍建设

共同富裕首先是以高质量发展为前提的,这要求把发展放在第一位,通过高效的生产体系做大"财富蛋糕",保证经济基本盘的强劲与韧性,提高人民总体福利水平,夯实分配基础。目前,我国经济正从传统产业的规模扩张转向以新产业、新业态

---

① 中共中央印发《关于深化人才发展体制机制改革的意见》[EB/OL]. (2016-03-21)[2023-03-08]. https://www. gov. cn/zhengce/2016/03/21/content_5056113. htm.

② 陈丽君,傅衍. 用改革释放人才活力[J]. 中国人才,2021(7):36-39.

③ 习近平出席中央人才工作会议并发表重要讲话[EB/OL]. (2021-09-28)[2023-03-08]. https://www. gov. cn/xinwen/2021/09/28/content_5639868. htm.

④ 习近平主持召开中央财经委员会第十次会议[EB/OL]. (2021-08-17)[2023-03-08]. https://www. gov. cn/xinwen/2021/08/17/content_5631780. htm.

为内涵的高质量发展，从高强度、集中投入的要素驱动走向高科技人才引领的创新驱动发展阶段。因此，加强科技创新人才队伍建设是转变发展模式的内在要求。世界正经历百年未有之大变局，新一轮科技革命和产业革命加速演进，对人才供给结构提出了新要求，科技创新人才成为关键变量。我国在芯片、生物医药等领域对外技术依存度仍然较高。在中美科技脱钩的外部环境下，"以市场换技术"的道路难以为继，必须从集成创新走向原始创新、底层创新。核心技术人才是我国突破西方高科技垄断、抓住第四次科技革命机遇、迈向科技前沿的支撑。

国外新经济地理理论及实证研究表明，高层次创新人才对高新技术产业分布与区域经济收入有正向推动作用[1]，国外 IT 专家、STEM（科学、技术、工程、数学）专业人才、持 H-1B 签证（美国特殊专业人员或临时工作签证）的技术人才和创新企业家能带来卓越的经济产出绩效和就业岗位的社会溢出效应[2]。国内研究也论证了科技人才集聚对经济发展质量变革有较强促进作用。科技人才具有较高的自主创新能力，能助推人力资本对高质量发展的核心表征——全要素生产率——作用的发挥[3]。因此，加强科技创新人才队伍建设是建设科技强国、创造经济社会绩效、夯实财富基础的必由途径。

（二）"扩中""提低"主线与高技能人才队伍建设

推动共同富裕是一场内涵深刻的社会变革，就是要推动中国走向中间大、两头小的橄榄型社会形态。在"数量""质量""结构"的三维立体坐标上，稳固中等收入群体，使中等收入群体规模扩大、内部结构优化是实现共同富裕的必由路径。中等收入群体社会认同感较高，风险抵御能力较强，因此几乎在所有现代国家的崛起进程中，都发挥了社会"稳定剂"的作用。根据国际经验，形成足够规模且稳定的中等收入群体是跨越中等收入陷阱的关键。[4]

回溯历史，工业化以前，小生产者、农场主和商人构成了传统的中产阶级。第二次工业革命以来，商业精英、行政人员和专业技术人员构成了新兴的中产阶级。由

① Florida R. The economic geography of talent[J]. Annals of the Association of American Geographers，2002，92(4)：743-755.

② Hunt J，Gauthier-Loiselle M. How much does immigration boost innovation？[J]. American Economic Journal：Macroeconomics，2010，2(2)：31-56；Kerr W R，Lincoln W F. The supply side of innovation：H-1B visa reforms and U. S. ethnic invention[J]. Journal of Labor Economics，2010，28(3)：473-508；宋全成.论欧洲国家的技术移民政策[J].山东大学学报（哲学社会科学版），2012(3)：110-117.

③ 马茹，张静，王宏伟.科技人才促进中国经济高质量发展了吗？——基于科技人才对全要素生产率增长效应的实证检验[J].经济与管理研究，2019(5)：3-12；胡婧玮，郭金花.高质量发展背景下科技人才集聚的生产率效应差异研究[J].经济问题，2021(3)：26-31.

④ 刘世锦.以提升人力资本来扩大中等收入群体[N].北京日报，2021-12-06(16).

于新一轮科技革命和产业变革呈现技能偏向型的技术进步特征,技能愈加成为迈入中等收入群体的敲门砖,高素质劳动群体俨然是"扩中"的基本盘。习近平总书记在《扎实推动共同富裕》一文中提出,技术工人也是中等收入群体的重要组成部分,中小企业主和个体工商户是创业致富的重要群体。① 技能人才增收潜力大、带动能力强,其中高技能人才是"扩中"的主力军,而技能层次偏低、收入不高的一线技术工人则是"提低"的重点对象。高、低技能人才具有互补性,高技能人才的集聚为低技能劳动者带来充足的就业机会,以技能溢价带动整体人力资本提升,与"扩中""提低"双重要求相符合。② 因此,应全面提升低技能群体的创收能力,充分激发其增收潜力,使其通过自身努力进入中等收入行列;高技能者应保持与收入水平相匹配的劳动技能,减少降级风险。

(三)城乡统筹发展原则与乡村人才队伍建设

共同富裕要求解决地区差距、城乡差距和收入差距问题。乡村仍是共同富裕的洼地,农村、农业、农民仍是共同富裕的短板,提升乡村低收入群体收入、千方百计促使农民增收是共同富裕的题中应有之义。通过乡村振兴实现高质量的城乡统筹和高水平的城乡一体化,也是改革发展成果公平惠及乡村的价值体现。

习近平总书记指出:"要推动乡村人才振兴,把人力资本开发放在首要位置,强化乡村振兴人才支撑。"③乡村振兴包含产业兴旺、生态宜居等五大维度,产业能级、生态环境质量和基层治理效能等各方面的提升均离不开掌握生产技能的劳动力队伍、具备管理素质的干部队伍等人才队伍的建设。但由于与户籍相关联的社会保障、公共服务④、教育供给和农村土地经营流转等事关群众诉求的农村社会福利制度尚未实现系统性改革,城乡人才配置供求失衡问题仍然突出,人才不足始终是制约乡村振兴的瓶颈之一。在市场部分失灵的背景下,乡村发展无法依赖城市对乡村的人才输入,培育具有内生造血功能的高素质乡村人才队伍、提升现存人力资本是推动乡村振兴的关键路径。

(四)发展成果共享内涵与社会事业人才队伍建设

中央财经委员会第十次会议强调,要促进基本公共服务均等化。⑤ 共同富裕既

---

① 习近平.扎实推动共同富裕[J].求是,2021(20):4-8.

② 李连飞.面向共同富裕的我国中等收入群体提质扩容探究[J].改革,2021(12):16-29.

③ 实施乡村振兴战略是一篇大文章(习近平讲故事)[N].人民日报海外版,2020-09-17(5).

④ 夏怡然.陆铭.城市间的"孟母三迁"——公共服务影响劳动力流向的经验研究[J].管理世界,2015(10):78-90.

⑤ 习近平主持召开中央财经委员会第十次会议[EB/OL].(2021-08-17)[2023-03-08].https://www.gov.cn/xinwen/2021/08/17/content_5631780.htm.

不是平均主义所说的结果绝对公平，也不是两极分化的马太效应，它要求确保不同群体具有获得优质公共服务、参与经济社会高质量发展过程、享有高质量经济社会发展成果的公平权利。公共服务均等化是实现共同富裕的重要议题。第一，在中国已全面消除绝对贫困的背景下，社会保障制度等可作为公共政策手段，帮扶残障人士等困难群体、弱势群体。第二，高质量的基本公共服务能为民众提供稳定的安全预期，防止贫富群体人力资本差距进一步扩大，增强经济发展后劲。[①] 第三，公共服务可作为再分配调节机制已成共识，高质量的公共服务能够改善不合理的收入分配格局。第四，公共服务均等化所蕴含的平等、共享理念与"以民为本"的执政理念一脉同源，能提升民众的获得感、幸福感，促进其精神上的共同富裕。[②] 公共服务均等化由权利平等、机会均等理念和底线思维构成，要求公民不因身份属性不同而拥有不同的公共服务机会，以及最困难群众也能享受最基本的公共服务。

在反映个体和群体发展不平衡问题的指标体系中，多维贫困指数（MPI）框架采用"三维＋10 个指标"的方法衡量贫困水平，三维分别为健康、教育和生活条件[③]，波士顿咨询公司在《全球民生福祉报告》中也将教育和健康作为民生福祉的重要测量维度[④]，可见在与人类福祉密切相关的重要公共服务方面，教育与健康是衡量共享的基本标尺。教育是人力资本的来源，教育公平是增加劳动者技能和创造力、阻断贫困代际传递的有效途径[⑤]；医疗卫生则是人力资本的后期保障。因此，以教育和医疗为主翼的社会事业人才队伍在实现均等化公共服务供给、发展成果共享、实现分配正义方面发挥重要作用。

四、共同富裕视角下人才谱系建设的挑战

在高质量发展中促进共同富裕的目标为新时期重点人才队伍建设提供了基本指向。但就人才发展现状而言，无论是从财富生产上看人才创造能力，还是从生产关系视角观察人才创收水平，均存在不容忽视的短板，主要表现为知识价值参与分配的激励不足和区域间人才资源配置的差异持续扩大等。

① 刘尚希. 人力资本、公共服务与高质量发展[J]. 消费经济，2019(5)：3-5.
② Alkire S，Foster J. Counting and multidimensional poverty measurement[J]. Journal of Public Economic，2011，95(7-8)：476-487.
③ 李实、杨一心. 面向共同富裕的基本公共服务均等化：行动逻辑与路径选择[J]. 中国工业经济，2022(2)：27-41.
④ 陈丽君、郁建兴、徐铱娜. 共同富裕指数模型的构建[J]. 治理研究，2021(4)：5-16.
⑤ 栾海清. 人的全面发展、教育公平与共同富裕：逻辑关系和政策支撑[J]. 学习与探索，2022(5)：145-152.

（一）高层次科技创新力量不强，激发高端要素活力的评价激励机制仍需改革

富裕是共同富裕的前提，做大"蛋糕"是社会发展的基础。在全球经济增长中，科技进步贡献率已由 20 世纪初的 5％提高到 20 世纪末的 60％以上。高端人才是创新创造的主体，我国存在创新型科技顶尖人才占比不高的结构性问题。目前，世界级科技大师缺乏，从"0"到"1"的原始创新人才不足以及新兴产业创新人才向国外转移的趋势仍未逆转。2019 年，中国高被引科学家共 636 人次，占全世界高被引科学家的比重为 10.2％；美国的高被引科学家共 2727 人次，占比为 44％。中国高被引科学家数量与大国地位不相匹配。《中国人工智能发展报告 2018》显示，中国人工智能人才规模较大，但杰出人才数量不足。[①]

只有完善市场对要素贡献的评价机制，特别是创新创业活动的报酬机制，形成良好的激励环境，才能充分激发高端要素活力，引导这些要素投入前沿性技术和新兴产业中，通过创新创业带动就业、促进就业。然而，能充分激发人才创新活力的薪酬激励制度以及成果转化权益分配制度，仍未充分发挥其对创新生产的促进作用。职务科技成果产权激励模式对高校科技创新人才项目申报方向及产出积极性有重要影响。《中华人民共和国专利法》与《中华人民共和国促进科技成果转化法》对职务发明利益主体的激励分配规定存在冲突，激励方式注重一次性现金奖励而非所有权激励，难以形成持续性激励，导致科研人员项目选题短期化导向严重[②]；青年科技人才薪酬构成名目复杂混乱，创新核心价值不突出，整体薪酬水平不高，影响突破式创新产出[③]。

（二）技能人才劳动报酬缺乏竞争力，需求缺口进一步扩大

截至 2021 年底，在全国 7.47 亿名就业人员中，技能人才总量超过 2 亿人，技能人才占就业人员总量的比重超过了 26％；高技能人才超过 6000 万人，占技能人才的比重达 30％，技能人才的素质结构显著提升。[④] 然而，当前技能人才供需矛盾仍然突出，在就业数量、质量和结构上滞后于产业调整需求，不少制造业企业存在用工短缺，特别是熟练工和技术工持续短缺的问题。技能劳动者的求人倍率（岗位空缺与求职人数的比率）近年来一直在 1.5 以上，高级技工的求人倍率达 2 以上水平。[⑤] 在

① 刘岩.担起基础研究人才培养的时代重任[J].中国人才,2022(7):12-14.
② 陈旭东,倪晓磊.高校科技成果转化权责配置的困境与改进[J].浙江学刊,2021(4):104-112;袁传思,马卫华.高校新型研发机构专利成果转化的激励机制——以广州部分重点高校为例[J].科技管理研究.2020(15):126-132.
③ 代毓芳,张向前.面向 2035 年我国青年科技人才薪酬激励研究[J].科技管理研究.2021(9):131-137.
④ 中华全国总工会.党的十八大以来工会工作成就经验新闻发布会[EB/OL].(2022-08-01)[2022-10-28].http://acftu.people.com.cn/n1/2022/0801/c67502-32491261.html.
⑤ 冯华.畅通技能人才发展通道[N].人民日报.2022-05-13(19).

供给侧,高技能人才短缺背后存在技术技能人才培养院校定位不清、培养内容与产业界脱节等问题①;在需求侧,受"重道轻器"观念影响,技能人才社会认可度不高,参与激励不足,存在大规模制造业工人向外卖骑手等新产业、新业态转行的现象。在人口老龄化程度加深和技能型工作参与意愿下降的双重作用下,未来高技能人才供给量将呈缩减趋势。②

发达国家的技术工人和技能人才受到普遍重视,薪酬待遇和职业地位相对较高。例如,英国技术类工种职业收入在九个职业大类中排名第四,澳大利亚技师技工类职业收入在八个职业大类中排名第三。我国技能人才主要从业阵地在制造业领域,2020年,我国制造业人员年平均工资仅为82783元,低于社会平均工资水平,在19个行业中排名第14位,技能人才劳动报酬不具有竞争力。③

(三)增收能力较强的高素质农业人才规模不大,乡村"提低"面临挑战

长期以来,我国城乡收入差距一直较大。2021年,我国城镇居民人均可支配收入为47412元,农村居民人均可支配收入为18931元,城乡居民收入比为2.50。农村居民的人均可支配收入远低于城镇居民。④ 我国的人均收入比高于美国、加拿大和英国等发达国家,甚至高于同为发展中国家的印度。⑤ 浙江省作为高质量发展建设共同富裕示范区,城乡收入差距相对较小。2021年,浙江省城镇居民和农村居民的人均可支配收入分别为68487元和35247元,城乡居民收入比为1.94。但浙江省山区26县的农村居民人均可支配收入为27619元,低收入农户的人均可支配收入仅为16491元。⑥ 可见,我国要实现共同富裕需要解决农村庞大低收入人口的可持续发展问题。

从人才队伍构成看,有两类新兴群体是推动就业增收、带动城市资源下乡、改善"弱质性"农业的重要人力资本。内生发育的新型职业农民、农业科技人才和农民企业家"三支队伍"对乡村振兴的贡献较大,外部引育的秉持生态农业理念、运用互联

① 刘娜、赵奭、刘智英.中国高技能人才现状与供给预测分析[J].重庆高教研究,2021(5):69-81.
② 袁玉芝、杨振军、杜育红.我国技术技能人才供给现状、问题及对策研究[J].教育科学研究,2021(7):24-29.
③ 刘军、王霞.中国薪酬发展报告(2020)[M].北京:社会科学文献出版社,2020:263-267;国家统计局.中国统计年鉴(2021)[M].北京:中国统计出版社,2021.
④ 新华社.图表:2021年农村居民人均可支配收入达到18931元[EB/OL].(2022-01-21)[2022-10-28].http://www.gov.cn/xinwen/2022/01/21/content_5669597.htm.
⑤ 李实、陈基平、滕阳川.共同富裕路上的乡村振兴:问题、挑战与建议[J].兰州大学学报(社会科学版),2021(3):37-46.
⑥ 祝梅、赵璐洁、叶小西,等.我们这十年·来自浙江基层的报告|山海城乡,共筑幸福生活[EB/OL].(2022-09-20)[2022-10-28].https://zjnews.zjol.com.cn/zjnews/202209/t20220920_24822366.shtml.

网思维、不限于农业户籍的"新农人"群体经过城市再造成为乡村精英。[①] 但由"三支队伍"和"新农人"构成的高净值、高增收能力的农业人才规模不大,难以充分发挥"提低"目标的串联式带动效应;大学生返乡入乡创业、科技特派员等人才下乡政策存在落地"梗阻",人才要素供给不足也制约了工商资本参与乡村振兴。[②] 根据第三次全国农业普查数据,在全国农业生产经营人员中,35 岁及以下人员占比 19.2%,55 岁及以上人员占比 33.6%,农村劳动力日趋老龄化;从受教育程度看,小学学历及以下人员占比为 43.4%,大专及以上学历人员占比仅为 1.2%,农村劳动力整体素质偏低。农业生产队伍"劳力""脑力"双重不足既是农村空心化的表象之一,也是乡村振兴和城乡一体化进程面临的主要人力资本障碍。

(四)社会事业人才空间错配,基本公共服务权益难以同步共享

由于现行社会保障制度缺乏全国统一且能有效约束地方行为的完备法律法规和政策规范,因此地方开展了五花八门且分配不均的政策创新。[③] 从区域差距看,教育人才与医疗卫生人才空间分布不合理和地区差距制约了基本公共服务均等化目标的实现。一是基础教育师资质量差距持续扩大。近年来,各省(区、市)生师比差距持续缩小,但普通小学、普通初中甚至学前教育专职教师学历差距即教育供给质量未与供给数量同步改善(见表 1)。当欠发达地区在努力提升义务教育教师本科学历普及率时,发达地区已在提升硕士研究生学历的覆盖面。例如,在北京、上海的普通初中专职教师中,具有硕士研究生学历的教师占比分别从 2015 年的 14.13%、8.53%跃升至 2020 年的 23.95%、17.96%,极差也从 14%左右扩大到 23%左右,优秀师资力量的到达率在各区域间持续分化。二是城乡医疗人员配置差距未明显改善。自 2011 年起,尽管东、中、西部地区卫生技术人员配置差距在缩小,但几乎各地都呈现城高乡低、城优乡差的特征(见表 2)。公共服务供给水平的区域差异在某种程度上是由地方经济发展水平和财政能力的差异造成的。

---

① 张慧泽,高启杰.新农人现象与乡村人才振兴机制构建——基于社会与产业双重网络视角[J].现代经济探讨,2021(2):121-125;刘祖云,姜姝."城归":乡村振兴中"人"的回归[J].农业经济问题,2019(2):43-52.

② 周振,涂圣伟,张义博.工商资本参与乡村振兴的趋势、障碍与对策——基于 8 省 14 县的调研[J].宏观经济管理,2019(3):58-65.

③ 郑功成.面向 2035 年的中国特色社会保障体系建设——基于目标导向的理论思考与政策建议[J].社会保障评论,2021(1):3-23.

表 1　各省(区、市)学前教育、普通小学和普通初中专职教师学历结构

单位:%

省(区、市)	学前教育专职教师(2020 年)		普通小学专职教师(2020 年)		普通初中专职教师(2020 年)		普通初中专职教师(2015 年)	
	硕士研究生学历	本科学历	硕士研究生学历	本科学历	硕士研究生学历	本科学历	硕士研究生学历	本科学历
北京	1.79	53.08	10.30	84.42	23.95	75.35	14.13	84.54
天津	1.91	56.46	7.40	77.72	11.81	85.85	7.35	87.32
河北	0.25	23.44	0.89	60.29	2.82	87.07	1.57	81.26
山西	0.29	29.68	1.05	64.51	3.30	82.15	1.09	74.89
内蒙古	0.61	47.16	1.72	72.94	6.36	85.85	2.75	81.43
辽宁	0.59	24.95	2.97	63.53	4.78	86.67	2.43	81.93
吉林	0.77	37.60	2.28	71.03	4.88	87.19	2.29	84.29
黑龙江	0.36	35.94	0.97	58.63	2.16	86.11	0.86	79.85
上海	1.72	82.27	8.68	78.73	17.96	81.37	8.53	89.54
江苏	0.37	59.26	3.05	88.61	7.20	91.33	3.60	90.00
浙江	0.50	52.52	2.67	83.69	5.74	91.64	2.19	91.69
安徽	0.14	27.31	0.86	61.87	2.18	85.51	1.17	77.65
福建	0.13	30.25	0.83	61.46	3.39	86.94	1.60	84.62
江西	0.07	13.70	0.30	54.13	1.73	77.71	0.98	68.15
山东	0.29	27.40	2.40	72.03	4.93	85.92	2.41	81.81
河南	0.19	17.49	0.79	59.21	2.70	80.12	1.35	70.18
湖北	0.27	20.87	1.73	56.75	3.18	77.60	1.57	69.81
湖南	0.14	16.33	0.95	58.34	2.94	80.36	1.41	71.76
广东	0.28	22.03	2.11	71.09	5.17	86.72	2.27	77.39
广西	0.12	21.69	0.43	51.33	1.47	82.83	0.97	76.52
海南	0.30	24.24	0.55	41.31	2.36	83.32	0.94	75.91
重庆	0.39	24.90	2.06	61.97	4.51	88.87	1.63	86.17
四川	0.24	25.05	1.21	53.53	2.54	80.58	0.91	73.16
贵州	0.07	34.00	0.22	58.19	1.01	84.74	0.41	74.76
云南	0.24	33.30	0.53	58.36	1.52	88.21	0.79	80.48
西藏	0.20	50.09	0.27	56.66	1.78	90.49	1.52	83.57
陕西	0.52	36.68	2.47	74.23	6.14	87.64	2.50	81.50
甘肃	0.33	48.27	0.71	67.61	2.46	84.96	1.09	78.51

续表

省(区、市)	学前教育专职教师 （2020 年）		普通小学专职教师 （2020 年）		普通初中专职教师 （2020 年）		普通初中专职教师 （2015 年）	
	硕士研究 生学历	本科学历	硕士研究 生学历	本科学历	硕士研究 生学历	本科学历	硕士研究 生学历	本科学历
青海	0.17	30.34	0.91	63.13	3.33	83.03	1.89	77.69
宁夏	0.60	24.18	0.77	65.78	3.47	90.50	1.46	88.49
新疆	0.08	33.41	0.29	51.31	1.87	81.79	0.72	70.27

数据来源：数据经计算得到，原始数据参见刘昌亚，李建聪.中国教育统计年鉴(2020)[M].北京：中国统计出版社，2021：432，482，536；谢焕.中国教育统计年鉴(2015)[M].北京：中国统计出版社，2016：476。

表 2　东、中、西部城市和农村每千人口卫生技术人员数

单位：人

年份	东部		中部		西部	
	城市	农村	城市	农村	城市	农村
2011	8.82	3.60	7.41	2.93	6.78	3.05
2015	11.00	4.20	9.60	3.60	9.40	4.00
2020	11.68	5.60	11.40	4.62	11.06	5.42

数据来源：中华人民共和国卫生部.2012 中国卫生统计年鉴[M].北京：中国协和医科大学出版社，2012；国家卫生和计划生育委员会.2016 中国卫生和计划生育统计年鉴[M].北京：中国协和医科大学出版社，2016；国家卫生健康委员会.2021 中国卫生健康统计年鉴[M].北京：中国协和医科大学出版社，2021。

五、共同富裕目标下人才谱系建设的发展路径

激励相容和制度匹配是共同富裕体制机制和政策体系设计应遵循的原则。[①]　基于中国人才发展建设和改革治理的实践基础，以共同富裕观的发展、"扩中"、统筹、共享内涵为基本遵循，以当前科技创新人才、高技能人才、乡村人才和社会事业人才建设存在的问题为导向，通过人才发展助推共同富裕，对其理念、机制、手段和方法等进行全方位系统性重塑，壮大共同富裕人才主力军。

（一）以人的全面发展为中心的人力资本存量提升路径

发展是共同富裕的第一要务。要紧紧抓住科技自立自强的新需求、新主题，为科技、教育、医疗、文化和体育各领域提供高素质人才。一方面，要树立人才引领高质量发展的新理念，健全人才引进质量、培养质量等全过程质量管理机制，打造具有国际竞争力的科技领军人才创新团队、青年科技人才后备军等高素质人才队伍；有

---

① 郁建兴，任杰.共同富裕的理论内涵与政策议程[J].政治学研究，2021(3)：13-25.

序推进创新攻关"揭榜挂帅"机制和以重大科研任务为导向的人才市场配置机制。另一方面，要确立人才高质量发展方式，通过韧性治理发挥人才效益，健全有利于科技人才潜心研究和创新的评价制度，建立层次清晰、操作容易的人才分类市场化评价机制，实施以创新效率和创新质量为导向的科研管理体制改革，形成包容审慎、符合人才科技工作规律的监管体系，让人才的智慧充分涌流。

（二）以促进"人才—产业"两链相匹配为目标的培育路径

提高就业质量和低收入群体收入是实现共同富裕的必由路径，以产业链和人才链的融合来化解就业的结构性矛盾，以劳动报酬与劳动生产率的同步提升促进和谐劳动关系生成。一方面，完善产业链，提升就业吸纳能力。通过产业重组、产业升级、产业集聚、产业优化、完善政策、金融等基本要素供给，提升产业竞争力和地区竞争优势。另一方面，完善人才精准培育链，提升创收能力。加强高水平创新型人才、复合型人才和应用型人才培养，以需求为导向构建产教融合、育选用贯通的协同育人体系；区域联建一批人才培养基地、公共培训平台；健全企业、学校、学生三方合作的订单人才培养模式；搭建集人才培养、技术研发、成果转化于一体的产学研联盟。

（三）以优化人才收入分配为抓手的激励制度路径

收入分配制度是共同富裕的主要抓手，要发挥收入分配政策的激励导向作用。深化人才收入分配制度改革，建立普惠性人才激励制度，提升人才的贡献价值感、事业成就感、社会认同感；加快科技成果向现实生产力转化，推动大规模创新型人才、高技能人才成为中等收入群体主力军，实现"扩中"。一方面，探索建立知识、技术、管理和技能等创新要素参与利益分配的体制机制，推动高校、科研院所高层次人才薪酬制度改革，提高专业技术人才的知识价值与智力成果回报；另一方面，建立低技能从业者权益保障机制，坚持按劳分配为主体、多种分配方式并存的收入分配制度，提高劳动报酬在初次分配中的比重，健全工资决定、合理增长和支付保障机制，提高制造业等一线劳动者报酬，对其经济权益、身心健康给予充分保障。

（四）以融合发展成果共享为导向的组合政策路径

在高质量发展中促进共同富裕，需要补齐短板、锻造长板，加快结构性调整。区域协调发展、缩小城乡差距是共同富裕的基本进程，畅通人才合理流动、双向互动的城乡良性循环，需要突破劳动力流动"以邻为壑"壁垒，破解地区间人才配置不平衡、不充分的矛盾。首先，针对欠发达城市，应加快构建开放协同的"山海协作"创新网络。通过海外经济、研发经济、孵化经济等"山海协作"工具，欠发达城市在发达地区、海外地区多点开展科创、人才等各类合作，建立"研发在外、产业在内、资金回流"

的人才科创飞地体系。其次,利用组合型政策工具吸引城市人才、技术和资本等要素下乡。通过农业科技团队、"脱贫攻坚专干""乡村振兴协理员""三支一扶""教育部特岗教师"等基层选派项目,为乡村振兴提供智力支持,助力人才"赤字"区域发展。通过人才有序轮岗带动优质公共服务共享,提高教育、医疗和文化等基础公共服务均等化水平。以开放共享为宗旨,革除科技人才要素流动的体制机制障碍,通过区域一体化推动人才专业化分工向深度、广度拓展。

人才是实现共同富裕的关键变量,是做大"财富蛋糕"和优化"蛋糕分配"的基本要素。平均主义共同富裕观、先富带动后富观、经济社会统筹发展观、新时代共同富裕观的内涵变迁,奠定了人才谱系建设重点演进的逻辑基础。不同时期对"国家需要什么样的人才"的阶段性回答,反映了从体制内干部到全体生产人才、从基础性人才到战略性人才、从规模性追求到绩效性追求的根本转变。同时,新时代高标准、均衡性、共享性发展目标也引发了对高端人才要素活力、回报分配制度、资源空间配置等实践维度的理性反思。遵循"人力资本存量提升——发展""人才产业链匹配——'提低'""人才收入激励制度——'扩中'""融合性政策组合——共享"的系统性重塑逻辑,将有助于壮大共同富裕人才主力军。

总体来说,本文研究梳理了人才谱系与共同富裕的相关理论与现实议题,不仅拓展了共同富裕的理论分析空间,也有助于纠正人才实践的偏差。以人才为中心推进共同富裕的理论创新,为发展中国家跨越"中等收入陷阱"、构筑新型富裕道路和人类命运共同体持续注入动力。

基金项目:国家社会科学基金重大项目(21ZDA015)、中共浙江省委组织部人才发展调研项目(ZJTY2021J-DF-059)

作者:陈丽君(浙江省人才发展研究院院长,浙江大学公共管理学院教授、博士生导师)、傅衍(浙江省人才发展研究院高级研究员,浙江工业大学公共管理学院讲师)

发表期刊:《社会科学辑刊》2023 年第 3 期

打造乡村人才谱系　赋能乡村振兴

党的二十大指出,全面建设社会主义现代化国家,最艰巨最繁重的任务仍然在农村,提出要"全面推进乡村振兴","加快建设农业强国,扎实推动乡村产业、人才、文化、生态、组织振兴"。乡村振兴战略承载了缩小城乡发展差距、促进社会公平正义和城乡人民共同富裕的使命,它有助于巩固拓展脱贫攻坚成果、提高农业农村现代化水平。人才是推动高质量乡村振兴的关键资源,人才不足始终是制约乡村振兴的瓶颈。培育高素质乡村人才队伍,构建强大的乡村人才谱系,是推动高质量乡村振兴的关键路径,是摆脱"农业生产率低—农村高能力劳动力转移—城乡差距扩大"这一循环陷阱的基本支撑。当前,我们亟须明确新时代乡村人才谱系内涵和建设重点,剖析乡村人才谱系建设面临的挑战,提供相应的破解思路。

一、全面推进乡村振兴需要构建有侧重有层次的乡村人才谱系

全面推进乡村振兴,需要多种类、多层次、多来源的乡村人才队伍。从实践层面来看,需要聚集以下六支队伍。

涉农科技人才是高质量产业发展的创新要素。乡村振兴需要科技引领,当前我国农业正处于迈向现代信息技术充分应用、数据驱动与资源整合的智慧化农业的探索阶段,对先进技术推广和资源配置效率提出了更高的要求,因此农业现代化发展离不开农业领域科技领军人才和高水平研发团队的支撑。涉农科技人才具有较高的创新创造能力、科技素养和较丰富的专业知识,在做强区域特色产业、延伸产业链、增加产业附加值上发挥着重要作用。这类人才主要包括农业科技研发人才、科技管理人才和科技服务人才等。

青年农创客是构建乡村发展新动能的生力军。以大学生、科技人员、退役军人

为主力的青年返乡入乡创业者，实现了城市人才到农村的逆向回流，携带新技术新思想扎根农村、盘活乡村资源要素，为乡村发展提供新活力。相较本土创业者，青年农创客具有三方面优势：一是创新思维活跃、创造力旺盛；二是善于在农业生产和营销中运用物联网科技管理模式和互联网思维，丰富新兴产业形态；三是可以发挥联农带动溢出效应，有效促进城市资源下沉，吸纳农村劳动力就业，带动农民增收。

农村实用技能人才是共同富裕"扩中""提低"的农人主体。让规模庞大、技能层次偏低、收入不高的农民成为高净值中等收入群体实现技能致富，本身就是乡村振兴的目标之一。农村实用技能人才主要包括通过农业职校和农业技术推广机构培养出的生产能手，比如从事生产活动的种植能手、养殖能手、加工能手以及依靠长期实践经验积累自然成长起来的田间地头"土专家""田秀才"。

新型农业经营管理人才是促进三产融合的活跃力量。农文旅融合等新型融合生态、电商新业态已成为乡村振兴的重要途径之一，需要懂技术、善经营的专门专业人才支撑。新型农业经营管理人才包括农业专业合作社带头人、家庭农场主、电商人才、民宿管家等。他们在助力市场资源匹配、产业融合、企业转型升级等方面发挥着积极作用。尤其是近年来作为"农村 CEO"的乡村职业经理人，为振兴农村集体经济、提升农民收益做出了较大贡献。

乡村治理人才是乡村长治久安的引领者。乡村振兴是涵盖生态文明进步和治理体系创新在内的全面振兴。素质优良、作风过硬、能力突出的乡村治理人才是促进农村现代化建设、国家治理能力现代化的基层骨干力量，将为构建基层治理体系提供基础性组织资源。乡村治理人才既包括村"两委"班子、"三支一扶"人员等党政干部队伍，也包括农村社会工作人才、法律工作人才等基层一线力量。

新乡贤人才是优化乡村建设的内在驱动力。乡村振兴战略的具体执行，离不开乡村内生性权威力量。有调查显示，新乡贤承担乡村指导者的角色，是村庄项目取得成功的关键。新乡贤作为在乡土社会中拥有一定财富、技能、文化、品德和政治觉悟的贤达人士，能以其影响力和号召力广泛吸纳社会力量参与乡村建设，在乡村产业发展、乡风涵养、矛盾化解、自治实践等方面发挥重要作用。

二、乡村人才谱系建设仍面临多种困难

当前，全国各地正在积极探索传统乡村转型发展，多举措培育乡村人才，但仍普遍面临村庄空心化、劳动力老龄化、外引人才困难等问题。当前乡村人才谱系建设面临以下痛点。

农业科技人才引进困难,可预期性激励不足。相对而言,当前的人才认定标准,仍呈现出重学历、轻实践,偏科研工业领域、轻农业领域的特征,高素质高层次人才从事农业积极性不高;面向高层次研究型人才的涉农博士后流动站资金需求量较大,企业资金难以为继,博士引进困难;科技特派员与涉农企业发展对口不精准问题仍有发生。

创业要素配套尚待健全,制约青年农创客规模壮大。青年农创客面临人才、资金、土地等要素供给挑战。公共服务方面,乡镇与城市之间存在差距,农创客招不到合适的员工,人才引不进、留不住;农村用地容积率、农业设施用地指标等方面的规定,在一定程度上也会影响农创客群体的发展壮大。

经营主体信心受损,新业态电商人才匮乏。近些年,各地积极拓展农旅融合等高附加值领域。但田园综合体、乡村民宿等农旅融合的经营模式中,农业经营主体利益面临不同程度受损,经营者缺乏信心。此外,不少县域企业品牌集中度较低,难以培育出在全国范围内具有较高知名度和品牌力的明星企业,不利于吸引直播电商人才等新业态人才。

技能培训不够精准,尚未匹配分层分段需求。在乡村振兴战略下,全国各地持续开展技能培训,并提供培训补贴。但仍有不少农户反映短期职业技能培训效果欠佳,培训针对性不强,培训方向与农村急需职业方向存在偏差、与市场匹配度不高;层次性不够,培训未区分初级、高级层次,培训内容单一、专业性不强,未能满足不同技能水平、不同阶段企业的细分需求;高层次技能型人才对外交流学习机会欠缺等。

治理人才队伍结构不优,服务竞争意识不强。由于大量青壮年离乡创业、向城市转移,村"两委"干部后备力量薄弱,乡村干部队伍整体年龄偏大、素质不高、文化层次偏低,在工作中缺乏创新意识、竞争意识、服务意识,影响乡村治理效能。在培育机制上,乡村治理人才还存在培育渠道单一、培训对象覆盖面不广的问题。

产业发展系统规划不足,乡贤与产业联结度有待提升。各地乡村产业发展还缺乏系统规划,在产业分布上缺乏合理指导,特别是产业规划、土地规划等不够协调,致使乡贤在引进富民兴农项目后存在落地难问题。

三、实现乡村人才振兴要精准发力

柔性引进农业科技人才,优化人才下沉机制。聚焦优势资源,组建"揭榜挂帅"专家库。同步梳理本地本籍人才白名单和农业科研攻关清单,搭建本地本籍副教授或博士以上农业人才数据库,实时向"白名单"专家定向发布农业技术需求,以"云合作""解难题""引技术"等手段克服"千金难买人才"困境。稳步加大科研投入力度，倾斜支持农业科研活动,建设用地指标优先支持研发型种业企业和种业科研机构。创新科技特派员选任模式,提升特派员服务精准性,充分利用农村科技服务云平台提供自上而下的"菜单式"服务。鼓励跨区域、跨界别选拔人才,扩大科技人才选择面。设立科技特派员绩效监督考核制度,把提高农业科技创新实绩与农民满意度作为重要标准。

壮大青年农创客基础,激发乡村发展新动能。积极引导和支持本地籍大学生回乡就业创业,加大农创客典型宣传报道力度。推动青年众创空间集群孵化,打造创意设计、生活要素空间集聚、交流氛围浓厚的青年创客空间,提供从创业教育、创业培训、交流社区、天使投资到创业孵化的全链条创业服务体系。

完善农业技能人才培育梯队,创新草根人才职称评价机制。建立农技人才结对培育的传帮带机制,组建田间专家导师团,组织技术助理与农业专家结成帮带对子,"大专家"结对培育"土专家","土专家"培育带动普通农户,在新经济、新领域、新业态培育一批农业"三新"青年技术能手。探索农技高层次人才举荐制,针对草根人才、乡土人才等特殊优秀人才,优化设立专项评定标准和高端人才举荐办法,赋予权威专家直荐权,全力破除"五唯"人才评价痼疾。探索构建新型职业农民的技能、技术等级评定体系,将考场直接设在田间地头,改传统的材料评审为现场面试,针对不同的参评对象每人设置 3—5 个专项问题,营造社会尊重农业农村技术人才的良好氛围,让农民成为既体面又有前途的职业。

集聚现代农业经营管理人才,打造三产融合新业态。开展乡村振兴人才"职业＋""产业＋""电商＋"行动,组建乡村振兴顾问团。探索乡村新业态人才飞地模式,针对偏远农村的电商人才、策划人才、农旅融合人才招引难问题,鼓励偏远村于中心街道跨境电商园、青年创业园等设立产业人才飞地,实现新业态人才与技术研发前台在中心街、农业生产与成果转化在偏远村。面向企业、人才发布乡村市场化发展主题,公开招募乡村职业经理人,征集运营项目方案,以赛代引,从运营能力、资源导入能力、项目实操经验、乡村工匠精神等方面考察甄选优秀经理人和乡村运营师,健全职业经理人薪酬激励体系,激发职业经理人干事创业活力。

扩充乡村治理人才储备力量,营造开放式的激励环境。树立选人用人鲜明导向,搭建乡村治理人才储备库,从致富能手、退役军人、外出务工经商返乡人员中选出一批负责任、善管理、懂政策、专业化的优秀治理人才。面向村党组织书记、后备人才、村级集体经济组织人才开展培训,提升基层组织领导能力和经济决策能力。健全基层治理人才的激励管理机制,畅通事业编制人员晋升渠道,运用政策激励、薪酬激励、情感激励等手段,提升乡村治理人才的荣誉感。

　　凝聚乡贤人才力量,共建认领吸引人才项目下乡。开展"乡贤认领共建"计划,建立"乡贤认领项目"机制,探索农业共营等合作模式。建立镇村领导结对联系机制,"一对一"走访联系乡贤,推行"村企共建"模式,引导各村与外出人才创办的企业结对共建,深化村企在资金、人才、技术、信息方面的共建内容,邀请乡贤将适合的产业转移到家乡再创业、再创新、再发展,提高村级集体经济收入。举办"乡贤讲堂""田园沙龙"等活动,发挥乡贤的智囊团作用,邀请擅长乡村规划设计、古建修缮利用、民宿设计建设、休闲旅游策划等方面的专家,组建和美乡村建设专家团,因地制宜打造特色产业。

　　作者:陈丽君(浙江省人才发展研究院院长,浙江大学公共管理学院教授、博士生导师)、傅衍(浙江省人才发展研究院高级研究员,浙江工业大学公共管理学院讲师)
　　发表期刊:《中国人才》2023 年第 4 期

构建"三位一体"人才工作协同体系

　　党的二十大报告将"实施科教兴国战略，强化现代化建设人才支撑"列为专章论述，指出教育、科技、人才三者是全面建设社会主义现代化国家的基础性、战略性支撑，体现了党和国家对教育、科技、人才工作的高度重视。科技自立自强是国家强盛之基，人才是社会主义现代化强国建设的主要力量，而高质量教育体系是可持续自主供给人才资源、科技力量的重要保障。面向新时代新征程，我们亟须从战略协同、策略集成、补齐短板出发，加快构建教育、科技和人才"三位一体"的人才工作协同体系。

　　战略协同是构建"三位一体"人才工作协同体系的重要前提。首先，做好战略规划协同。教育、科技和人才工作应聚焦"四个面向"，瞄准关键核心技术"卡脖子"问题，加强顶层设计，从财政投入、资金分配、产业布局、研发项目和教育工程、人才计划等方面做好规划协同，并力求通过立法方式加以保障。其次，做好战略布局协同。为加快建设世界重要人才中心和创新高地，北京、上海、粤港澳大湾区等高层次人才集聚的城市和地区，应做好创新廊道的战略布局，围绕人才链布局创新链、产业链。最后，做好工程协同和政策协同。相关部门可以在人才工作中联合实施人才工程，协同颁布政策，共同破除现行人才发展体制机制障碍，打破部门壁垒，形成互补和支撑。

　　策略集成是构建"三位一体"人才工作协同体系的必要途径。统筹协调教育、科技和人才工作，重在共同构建一个创新开放的生态系统。首先，打造良好的城市治理大生态，协力提升城市品质，推动资源要素集聚。不仅要关注对特殊人才的特事特办，更要加大对教育和医疗基本公共服务的投入力度，提供高效便捷的数字化基础设施、丰富多样的文化艺术和体育环境，充分发挥技术经理人中介、人才中介、金融中介、法务中介等专业化中介市场力量。其次，协同制定激发人才创新活力的制度规范。制度决定了创新要素能否有效融合和创新活力能否被激发。教育、科技和人才等多部门亟须协同制定有利于创新的制度规范,如推动人才要素流动、交换和增值的开放交流机制;鼓励变革、宽容失败的容错纠错机制;鼓励知识共享、激励团队合作的合作共享机制;保障创新收益、认可人力资本价值的知识产权保护机制。最后,汇聚城市群合力,以区域一体化推动世界重要人才中心和创新高地建设。优化人才生态系统,推动形成既有"龙头"带动又有"雁阵"跟随的城市群人才发展格局,实现区域内统一人才市场。多部门应协同建设一体化的规制环境,如跨区域政务协同、跨区域人才认定、跨区域统一标准的人事仲裁机制、公共服务普惠开放和一体共享等。

补齐短板是构建"三位一体"人才工作协同体系的关键环节。"三位一体"的人才工作格局,需要教育、科技、人才"三驾马车"并驾齐驱,尤其需要抓好高等教育人才培养工作。高等教育既具有人才培养的功能,也具有吸引人才流动、集聚和迁移的功能。在全球范围内,我国高等教育相对落后,其短板主要体现为创新型人才培养不足,交叉创新、科教融合和产教融合有待加强,高等教育国际化不足,国际师资、国际生源、国际交流和国际合作相对匮乏。研究表明,中国 U10(10 所"双一流"高校)毕业生深造比例从 2017 年的 37.87% 上升到 2021 年的 50.74%,但仅有 30% 的学生选择在国内深造。与此同时,全球 G100(全球 QS 世界大学排名前 100 的高校)毕业生选择赴中国深造的比例呈持续下滑态势,从 2017 年的 2.64% 下降至 2021 年的 1.25%。由此可见,补齐高等教育短板,应重点加强我国高等教育国际化。首先,积极参与全球教育治理变革,提升高等教育培养和吸引国际人才的竞争力。做强"留学中国"品牌,从"引进来"角度,开展在地国际化教育,鼓励中外合作办学,通过引进国际学者,利用多元课程、国际会议等国际优质教育资源,拓展国际合作教育。从"走出去"角度,深入开展与世界知名大学的交流与合作,有序推进中国高校的海外分校建设,提升其国际影响力。其次,以更积极、有效和开放的留学政策和人才政策吸引全球智力。在吸引留学生方面,可以关注共建"一带一路"国家、创新大国和关键小国(如瑞典、瑞士、丹麦、挪威等)的优秀人才。面向重点发展领域设立留学生奖学金,放宽留学政策。完善优秀留学生永久居留、创新创业等保障机制,吸引留学生毕业后进入中国劳动力市场。扩大国际科技交流与合作,以建设重大科学装置、国家级重点实验室等为抓手,增强对国际一流人才的承载力。最后,更高水平地促进教育链与产业链、创新链有效融合。结合国家战略性发展需求和就业热点,深化学科体系、研究领域和人才培养方式等改革。大力推进科教融合,面向全球和全国设立专项科学基金和奖项,邀请全球科学家加盟研究。发挥科创策源地辐射带动作用,促进区域人才和高等教育协同发展。

作者:陈丽君(浙江省人才发展研究院院长,浙江大学公共管理学院教授、博士生导师)

发表刊物:《中国社会科学报》总第 2628 期第 8 版

政策感知、组织创新氛围与人才创新绩效

——人才自我创新期待的中介作用

一、引　言

党的十九届五中全会将"坚持创新驱动发展,全面塑造发展新优势"作为"十四五"发展规划的首要目标任务,指出坚持创新在我国现代化建设全局中的核心地位。近年来,各地政府围绕科技创新出台一系列支持政策,积极探索创新绩效提升路径。但无论是区域层面的创新还是组织层面的创新,最终都要落实到个体身上。人才是我国社会经济发展和科技创新的第一资源,《国家中长期人才发展规划纲要(2010—2020 年)》明确指出:"人才是指具有一定的专业知识或专门技能,进行创造性劳动并对社会作出贡献的人,是人力资源中能力和素质较高的劳动者。"在知识经济时代,人才作为创新主体,其创新绩效直接影响到组织生存和发展。[①] 如何提高人才创新绩效已经成为公共政策领域和人力资源管理领域的研究热点。

目前,国内外学者围绕创新绩效展开了大量研究。首先,宏观层面的研究多关注区域创新绩效成因。既有文献探讨了企业、高校、科研院所等创新主体行为,R&D经费、人力资源等创新资源,创新政策、经济发展水平等创新环境[②],以及创新网络、产学研合作等协同要素对区域创新绩效的影响[③]。政策环境是宏观层面影响创新绩效的重要因素。创新政策是政策环境的重要组成部分,通过提供资金、场地、设备和

---

① Janssen O, Van Yperen N W. Employees' goal orientations, the quality of leader-member exchange, and the outcomes of job performance and job satisfaction[J]. Academy of Management Journal, 2004, 47(3): 368-384.

② 苏屹, 闫玥涵. 国家创新政策与区域创新系统的跨层次研究[J]. 科研管理, 2020(12): 160-170.

③ 苏屹, 李忠婷. 区域创新系统主体合作强度对创新绩效的影响研究[J]. 管理工程学报, 2021(3): 64-76.

税收优惠等资源鼓励人才创新。根据心理场动力理论,各类创新政策相互交织,对创新绩效的影响效果取决于个体对政策的综合感知。[1] 有少数研究关注了政策感知对个体创新的积极影响[2],但尚未系统刻画其中的作用机理。其次,微观层面研究更关注个体创新绩效及其影响因素。创新绩效是多元因素综合作用的结果。当前研究探索了能力、认知水平、价值观、知识结构、生活满意度等个体层面因素[3],以及领导风格、组织创新氛围、组织文化、薪酬激励制度、组织承诺等组织情境因素对人才创新绩效的作用[4]。作为重要的情境因素,组织创新氛围是人才在组织内部开展创新活动的"软环境",对人才创新绩效的提升作用已被诸多研究证实,但现有文献仅将其作为中介变量或调节变量。尽管已取得一些有价值的成果,但组织创新氛围激发人才创新绩效的作用机制仍有待进一步探究。上述研究缺口导致现有研究不仅难以详细刻画政策感知与组织创新氛围影响人才创新绩效的内在机理,而且难以有效比较二者对人才创新绩效的作用差异。因此,有必要将政策感知和组织创新氛围纳入同一研究框架,以弥合两类研究间的鸿沟。

勒温的心理场动力理论认为,个体行为表现是环境因素和个体心理因素综合作用的结果。其中,外在的"环境场"包括个体知觉到的外在环境。[5] 作为重要的外在"环境场",政策感知和组织创新氛围对人才创新绩效的作用需要结合人才心理因素进行考量。根据期望价值理论,个体完成各项任务的动机由其对任务目标的成功期望以及任务价值决定。完成任务目标的期望越高,并认为能够获取较大回报,个体的任务完成动机就越强。[6] 从该视角来看,自我创新期待可能是影响人才创新绩效的关键因素。相关研究指出,人才自我创新期待是外部因素影响人才创新绩效的动力机制和桥梁纽带,在外界因素与个体绩效之间发挥积极的中介作用。[7] 政策感知和组织创新氛围传递出政府与组织对人才创新绩效的要求及期待,人才将外在期待

① Gong Y C, Cai B F, Sun Y. Perceived fiscal subsidy predicts rural residential acceptance of clean heating: Evidence from an indoor-survey in a pilot city in China[J]. Energy Policy,2020,144(C):116787.
② 冉建宇,胡培,童洪志.创客政策感知对其创新行为的影响机理——知识获取的中介与创新自我效能感的调节[J].科技进步与对策,2020(13):1-9.
③ Shalley C E, Gilson L L, Blum T C. Interactive effects of growth need strength, work context, and job complexity on self-reported creative performance[J]. Academy of Management Journal,2009,52(3):489-505.
④ Wang J, Yang J,Xue Y. Subjective well-being, knowledge sharing and individual innovation behavior: The moderating role of absorptive capacity[J]. Leadership & Organization Development Journal,2017,38(8):1110-1127.
⑤ 勒温.拓扑心理学原理[M].北京:中国传媒大学出版社,2018.
⑥ Van den Broeck A, Vansteenkiste M, Lens W, et al. Unemployed individuals' work values and job flexibility: An explanation from expectancy-value theory and self-determination theory[J]. Applied Psychology,2010,59(2):296-317.
⑦ Liu Y, Vriend T, Janssen O. To be(creative), or not to be(creative)? A sensemaking perspective to creative role expectations[J]. Journal of Business and Psychology, 2021,36(1):139-153.

转化为自我创新期待有助于创新绩效提升。因此,政策感知和组织创新氛围可能通过激发人才自我创新期待进而影响人才创新绩效,即人才自我创新期待可能是两个外在因素发挥作用的中间解释机制。循此逻辑,本文将人才创新绩效作为研究落脚点,探究政策感知、组织创新氛围对人才创新绩效的影响以及人才自我创新期待的中介作用,突破单一视角解释人才创新绩效的局限,尝试在两个变量的研究基础上打破宏微观研究分野和鸿沟,为从宏微观多维度推动人才创新绩效研究提供实证依据和理论支撑。

二、文献综述与研究假设

(一)组织创新氛围与人才创新绩效

人才是组织创新的基础,越来越多的学者关注到组织创新氛围对人才创新绩效的促进作用。组织氛围是指人们对工作环境特征的认知,组织创新氛围是组织氛围的一种,其强调个体对组织支持创新的整体感知。目前关于组织创新氛围的认知存在主客观两种不同倾向。其中,主观倾向认为组织创新氛围是个体对组织是否鼓励创新的主观认知[1];客观倾向则认为组织创新氛围是组织客观存在的工作环境[2]。随着研究的深入,越来越多的学者认同主观认知倾向观点,因此本文采纳主观倾向的组织创新氛围概念。

关于组织创新氛围与个体创新行为的关系,学界已达成共识,即积极的组织创新氛围有助于激发人才创新活力,提升组织内的人才创新表现。首先,创新氛围浓厚的组织更注重增强人才创新能力,而创新能力作为创新行为的基础,显著影响人才创新绩效。具体为通过技能培训、创新交流和创新思维开发,促进人才之间的信息沟通与团队协作,同时,鼓励内部知识共享,提供创新奖励,不断激发人才创新潜力,增强人才抵抗失败和积极的自我管理能力,加速知识、资本等各类资源转化为创新成果[3],进而提升人才创新绩效。其次,组织创新氛围反映了个体对所处组织创新环境的认知,这种认知往往会持续影响人才创新态度、内在动机、求知欲和价值观,有助于激发人才创新动力,进而影响人才创新绩效。积极的组织态度有助于促进人才形成主观规范和创新动机,同时,良好的组织创新氛围传递出组织对创新行为的

---

① 王雁飞,朱瑜.组织创新气氛的研究进展与展望[J].心理科学进展,2006(3):443-449.

② Amabile T M,Conti R,Coon H,et al. Assessing the work environment for creativity[J]. Academy of Management Journal,1996,39(5):1154-1184.

③ 李静芝,李永周.组织创新氛围、网络嵌入对员工创新行为的影响[J].科技进步与对策,2022(12):130-139.

支持、认可以及创新期待,人才在接收到该信号后一般会遵从组织期待,实现更高的创新绩效。[①] 最后,创新氛围浓厚的组织往往包容创新失败,不仅为人才提供工作自主权、情感支持以及建设性反馈,还提供物质、资金、时间、知识等创新活动所需资源,有利于降低创新风险。组织提供的创新支持有助于降低人才创新风险,激发人才创新意愿,提升创新活动参与度。[②] 因此,本文提出如下研究假设:

H1:组织创新氛围对人才创新绩效具有显著正向影响。

(二)政策感知与人才创新绩效

结合创新体系相关理论,个体创新不仅受组织环境的影响,还受整个政策环境的制约。政府通过制定和实施一系列创新政策,为人才创新活动提供资金、场地、设备、社会网络、服务等资源。创新创业相关研究已经证实,良好的政策有助于促进人才创新思维开发和创新成果产生,但各类政策并非直接对人才创新绩效发生作用,而是通过个体的政策感知影响人才创新绩效。政策感知是政策客体对政策实施内容、效果以及政策环境等方面的主观感受,是政策落实效果的直接反映。具体为:第一,创新政策虽然在客观上为人才创新提供资金、场地、税收等方面的支持,但只有真正解决创新难题、降低创新风险与创新门槛、满足人才创新需求,才能最大限度地激发人才创新积极性,增强人才创新意愿和知觉行为控制,进而促进人才创新绩效提升。若人才认为创新政策复杂、壁垒较高,感知不到其对创新活动的支持,创新政策效用就会大打折扣。第二,创新政策为人才创新活动提供政策保障,实质上是与人才形成一定交换关系。根据社会交换理论,个体进行社会交换的动机在于获取资源。创新政策为人才创新提供资源,只有当人才感知到政策支持与创新绩效期待时,才会产生将自身创新绩效提升作为交换的渴望。第三,创新兼具内驱性和复杂性,而创新的复杂性极易削弱人才创新内驱力,导致人才倦怠和退缩。根据 JD-R 模型,工作资源有助于缓解创新复杂性带来的心理压力和工作倦怠。人才政策大多是为人才"量身定制"的,并向人才传递出政府对创新的重视。作为重要的心理资源,政策感知可以影响人才的心理倾向。心理需求的满足有助于激发人才创新的内在动机,调动人才参与创新活动的积极性和主动性,从而有利于取得更高水平的创新绩效。基于此,本文提出如下研究假设:

H2:政策感知对人才创新绩效具有显著正向影响。

---

① Madjar N. The contributions of different groups of individuals to employees' creativity [J]. Advances in Developing Human Resources,2005,7(2):182-206.

② Yang C. Impact of nudging policy on the performance of research scientists in State Key Laboratories of China: Innovation search capabilities as mediators [J]. Asian Journal of Technology Innovation,2020,28(3):427-452.

（三）人才自我创新期待的中介作用

新近研究在分析个体因素和环境因素对创新绩效的复杂作用机理时，将创新意愿、心理资本、情绪智力、内在动机等心理学要素作为中介变量或调节变量，纳入创新行为的外界情境作用因素分析中。作为重要的心理学要素，自我创新期待对人才创新绩效的影响机理尚存在探索空间。基于此，本研究引入人才自我创新期待这一中介变量，将其作为政策感知与组织创新氛围影响人才创新绩效的重要心理机制，系统考察政策感知、组织创新氛围与人才自我创新期待对人才创新绩效的复杂作用机理。

1. 人才自我创新期待与人才创新绩效

人才自我创新期待是指在接收外界信息的基础上，人才感知到外界对自身创新行为的内在要求，并将感知到的外界期待内化为自身行为结果的某种预测性认知。[①] 根据自我实现预言理论，当个体行为与期望一致时，高自我期待将导致高绩效。个体对成功的期待越强烈，其任务完成表现就越好[②]，因此自我创新期待对人才创新绩效具有促进作用。具体为：第一，自我创新期待反映了人才对自身创新能力和创新行为的积极态度。积极的自我创新期待通过开启自我实现的预言效应[③]，有助于人才在创新活动中获得更大的心理满足感和成就感[④]，推动人才创新和创新绩效提升。第二，自我创新期待有助于激发人才创新的内在动力，引导人才努力实施创新行为以实现预期绩效。[⑤] 期望价值理论指出，针对某目标的高期望有助于激发个体实现目标的动机。具有较高自我创新期待的人才在创新活动中往往会有意识地收集和关注与创新有关的信息，加大创新投入，主动开展创新探索，最大限度地激发自身创新潜能，实现高水平创新绩效。第三，人才对创新成功的期望越大，面对创新活动中困难复杂事务时就越有信心和耐心[⑥]，努力工作、主动作为，从而有助于获得更好的创新结果。基于此，本文提出如下研究假设：

① Kark R，Carmeli A. Alive and creating：The mediating role of vitality and aliveness in the relationship between psychological safety and creative work involvement[J]. Journal of Organizational Behavior，2008，30(6)：785-804.

② Bandura A，Locke E A. Negative self-efficacy and goal effects revisited[J]. Journal of Applied Psychology，2003，88(1)：87-99.

③ McNatt D B，Judge T A. Boundary conditions of the galatea effect：A field experiment and constructive replication[J]. Academy of Management Journal，2004，47(4)：550-565.

④ Deci E L，Ryan R M. The "what" and "why" of goal pursuits：Human needs and the self-determination of behavior[J]. Psychological Inquiry，2000，11(4)：227-268.

⑤ Eden D. Leadership and expectations：Pygmalion effects and other self-fulfilling prophecies in organizations[J]. The Leadership Quarterly，1992，3(4)：271-305.

⑥ Tierney P，Farmer S M. Creative self-efficacy development and creative performance over time[J]. Journal of Applied Psychology，2011，96(2)：277-293.

H3：人才自我创新期待对人才创新绩效具有显著正向影响。

2. 人才自我创新期待在组织创新氛围与人才创新绩效间的中介作用

关于组织创新氛围与人才创新绩效的关系，学界已达成共识，但具体作用机理仍有待深入探究。组织创新氛围对人才创新绩效存在间接作用，人才自我创新期待作为外部因素影响人才创新的内在动力，在组织创新氛围与人才创新绩效之间发挥中介作用。[1] 外界的期望效应最终取决于行为主体如何诠释和应对外界期望，以及如何将外界期望转化为自我期望。提高外界创新期待不仅有助于提升个体绩效，还会通过提高个体自我创新期待，带来更好的创新表现。[2] 有研究探索了领导行为对个体自我期望的影响，发现组织内对人才自我创新期待的影响因素并非局限于领导行为，还可以扩展到组织创新氛围。首先，组织营造良好创新氛围的过程实质是向人才传递组织期待的过程，即组织期望人才达到的创新绩效水平。感知到组织创新期待有助于提高人才的创新角色认同，促使其开展积极的创新行为。对创新期待的感知越强烈，人才越倾向于相信自己具有较强的创新能力，产生的自我创新期待也越高。积极的自我创新期待将引导人才愿意投入认知资源，通过加大创新投入提升创新绩效，以实现组织对自身的创新期待。这一过程符合皮格马利翁效应的作用原理：第一阶段，良好的组织创新氛围将引导人才将组织期待内化为自我创新期待；第二阶段，较高的自我创新期待为人才提供持续的内在激励，激发人才创新热情，促使人才从事创新活动，并提升人才创新绩效。其次，具有良好创新氛围的组织向人才传达出对创新活动的支持和信任[3]，当个体感受到组织对其创新活动的支持和信任时，人才往往更加自信，并倾向于取得更高的创新绩效以作为回报。因此，组织创新氛围为人才创新提供了条件和动力，一旦感知到组织对创新的重视，将显著提升人才的自我创新期待，激励人才加大创新资源投入，从而有助于提升人才创新绩效。基于此，本文提出如下假设：

H4：组织创新氛围对人才自我创新期待具有显著正向影响。

H5：人才自我创新期待在组织创新氛围与人才创新绩效之间发挥中介作用。

① Carmeli A, Schaubroeck J. The influence of leaders' and other referents' normative expectations on individual involvement in creative work[J]. The Leadership Quarterly,2007,18(1):35-48;曲如杰,朱厚强,刘晔,等. 组织创新重视感与员工创新:员工创新期待与创新人格的作用[J]. 管理评论,2019(12):159-169.

② Eden D, Ravid G. Pygmalion versus self-expectancy: Effects of instructor and self-expectancy on trainee performance[J]. Organizational Behavior and Human Performance,1982,30(3):351-364.

③ 刘智强,严荣笑,唐双双. 领导创新期望与员工突破性创新投入:基于悖论理论的研究 [J]. 管理世界,2021(10):226-240.

3. 人才自我创新期待在政策感知与人才创新绩效间的中介作用

作为鼓励人才创新的重要手段之一,政府通过出台创新政策支持人才开展创新活动。作为政策客体,人才政策感知是形成政策行为认知机制的先决条件,显著影响政策成效。人才创新绩效是创新政策成效的重要表征,而政策客体的主观感知如何影响政策执行效果仍有待探索。在将政策感知转化为实际创新绩效的过程中往往需要借助基于个体的心理作用机制,尤其是自我创新期待作为重要的心理变量,在政策感知与人才创新绩效之间可能发挥中介作用。一方面,为鼓励人才创新,各地政府发布了涉及资金、税收、金融、场地等的外在激励举措。这些举措作为鼓励人才创新的重要驱动因素,对人才自我创新期待具有显著正向影响。[①] 感知政策资源的有用性和易用性有助于增强人才创新信心,降低创新风险感知,提升人才创新心理安全感和知觉行为控制,进而针对自身创新表现设定较高期望[②],促进创新绩效提升。另一方面,根据皮格马利翁效应,人才自我创新期待在一定程度上取决于外界对人才创新的期待。政府创新政策向人才传递出鼓励、支持、保护、重视和认可创新的信号,人才对政策信号形成主观解释和自我判断。感知到政策对创新绩效的内在要求有助于强化人才对自身创新表现的高水平期望,进而促使高创新绩效产生。基于此,本文提出如下假设:

H6:政策感知对人才自我创新期待具有显著正向影响。

H7:人才自我创新期待在政策感知与人才创新绩效之间发挥中介作用。

基于以上研究假设,本文建立理论分析框架如图1所示。

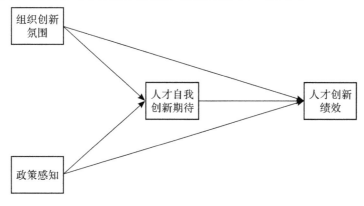

图1 理论框架

---

① Unsworth K L, Clegg C W. Why do employees under take creative action[J]. Journal of Occupational and Organizational Psychology,2010,83(1):77-99.

② Chu F D, Zhang W, Jiang Y, et al. How does policy perception affect green entrepreneurship behavior? An empirical analysis from China[J]. Discrete Dynamics in Nature and Society,2021,2021:1-9.

三、研究方法

(一)变量测量

本文使用的测量工具均是国内外较成熟的量表,并基于具体场景对相关题项进行修正。所有潜变量均使用李克特 5 点量表计分方式(1—5 分别代表"非常不同意"到"非常同意")。

人才创新绩效采用韩翼等[①]开发的单维量表,包括"把创新性想法转化成实际应用""通过学习,提出一些独创性的问题解决方案"等 4 个题项。

政策感知采用李晨光等[②]、冉建宇等[③]编制的政策感知量表,包括"政府创新政策有明确的针对性""政府创新政策能够有效解决创新中的实际问题"等 6 个题项。

组织创新氛围采用王金凤等[④]开发的创新氛围量表,具体包括"组织内部沟通渠道顺畅""领导为员工提供资源与渠道帮助,给予支持"等 8 个题项。

人才自我创新期待采用 Carmeli 和 Schaubroeck[⑤] 开发的员工自我创新期待量表,具体包括"希望自己在工作中富有创造力""对自己而言,创新在工作中很重要"等 3 个题项。

根据以往研究,本文设置了 4 个控制变量,包括性别、年龄、学历和工作年限。其中,女性赋值 0;受教育程度分为中专及以下、大专、本科、硕士、博士 5 个等级,分别赋值 1—5。

(二)研究样本与数据收集

本文以东部某省域人才为研究对象展开问卷调查。为保证问卷信度和效度,在问卷发放前对 17 位人才代表进行访谈,并结合访谈结果对原始量表中存有歧义的语句进行修正,形成初始问卷。在正式收集研究数据前,使用初始问卷进行小样本测量,调查对象包括高校、科研院所和企业的相关知识型人才、技能型人才等。共发

① 韩翼,廖建桥,龙立荣.雇员工作绩效结构模型构建与实证研究[J].管理科学学报,2007(5):62-77.
② 李晨光,张永安,王燕妮.政策感知与决策偏好对创新政策响应行为的影响[J].科学学与科学技术管理,2018(5):3-15.
③ 冉建宇,胡培,童洪志.创客政策感知对其创新行为的影响机理——知识获取的中介与创新自我效能感的调节[J].科技进步与对策,2020(13):1-9.
④ 王金凤,吴蕊强,冯立杰,等.企业创新氛围、员工创新意愿与创新绩效机理研究——基于高新技术企业的实证分析[J].经济与管理研究,2017(9):127-136.
⑤ Carmeli A, Schaubroeck J. The influence of leaders' and other referents' normative expectations on individual involvement in creative work[J]. The Leadership Quarterly,2007,18(1):35-48.

放问卷 100 份,回收有效问卷 91 份,有效回收率为 91%。问卷的探索性因子分析结果如表 1 所示。

表 1 初始问卷的探索性因子分析结果

检验指标	政策感知	组织创新氛围	人才自我创新期待	人才创新绩效
KMO	0.882	0.894	0.703	0.869
Bartlett 球形检验	$p=0.000$	$p=0.000$	$p=0.000$	$p=0.000$
累计方差解释率	93.019	91.374	85.575	91.805
因子载荷最小值	0.907	0.854	0.867	0.942
Cronbach's α	0.966	0.962	0.914	0.970

由表 1 可知,每个量表的 KMO(Kaiser-Meyer-Olkin)值均大于 0.7,巴特利特(Bartlett)球形检验的 p 值均为 0.000,因此适合做因子分析。探索性因子分析结果显示,各量表题项的因子载荷最小值均在 0.8 以上,克龙巴赫 α 系数(Cronbach's α)均大于 0.9,表明初始问卷具有良好的内部一致性,据此形成正式问卷。

在正式调查阶段,主要面向样本城市的高校、科研院所、企业人才展开调查,同时,涵盖众创空间、孵化器、加速器、协同创新中心、产业园区人才。该城市共有 5 个区县,为确保问卷质量,通过该市市委组织部人才办、各区县委组织部与用人单位人事部门联系,在取得用人单位同意后,由用人单位的人事部门配合发放问卷,并向用人单位及人才保证问卷仅作为学术研究而非其他用途。调查对象包括在岗的本科及以上学历人才或具有中级及以上专业技术职务资格的技能型人才。[1] 正式问卷共发放 500 份,最终回收 473 份。在剔除空白数据、无效数据后,有效样本为 455 份,有效回收率为 91%,符合结构方程模型对样本容量的要求[2]。人才样本兼顾性别、年龄、受教育程度、工作年限等个体差异因素。其中,男性占 58.0%,女性占 42.0%,平均工作年限为 6.02 年。年龄方面,25 岁及以下占 11.4%,26—35 岁占 42.2%,36—45 岁占 30.1%,46—55 岁占 13.2%,56 岁及以上占 3.1%。受教育程度方面,博士占 18.0%,硕士占 17.1%,大学本科占 42.9%,大学专科及以下占 22.0%。

① 李燕萍,梁燕.人才之争拼什么? ——人才城市居留意愿与行为影响因素及作用机制视角[J].科技进步与对策,2018(12):117-124.

② Bentler P M, Chou C P. Practical issues in structural modeling[J]. Sociological Methods & Research,1987. 16(1):78-117.

四、数据分析与结果

(一)共同方法偏差检验

虽然在问卷设计阶段进行了事前控制,但研究数据仍属于自我报告类型,可能存在共同方法偏差的干扰。根据 Podsakoff 等[①]的建议,采用潜在误差变量控制法,将共同方法偏差作为一个潜变量,将所有量表条目负载到共同方法偏差潜变量上,进行验证性因子分析。结果表明,在上述 4 个潜变量一阶测量模型的基础上增加一个共同方差潜变量后,测量模型拟合度指标均未明显改变(ΔRMSEA=0.007,ΔCFI=0.009,ΔTLI=0.005,ΔSRMR=0.005)。根据既有文献中潜在误差变量控制法的一般标准,当 RMSEA、SRMR 的变化不超过 0.05,CFI 和 TLI 变化不超过 0.01 时,测量模型中无严重的共同方法偏差。因此,本研究不存在明显的共同方法偏差。

(二)信效度检验与相关性分析

本研究包含政策感知、组织创新氛围、人才自我创新期待、人才创新绩效 4 个潜变量,整体测量模型拟合系数如表 2 所示,研究变量相关性分析及信效度检验结果如表 3 所示。

表 2　整体测量模型拟合系数

χ^2/df	RMSEA	CFI	TLI	SRMR
2.09	0.049	0.974	0.970	0.029

表 3　变量相关系数和信效度分析结果

DIM	M	SD	Cronbach's α	STD. Loading	CR	AVE	1	2	3	4
政策感知	3.928	0.836	0.967	0.927~0.979	0.952	0.909	**0.953**			
组织创新氛围	3.970	0.787	0.964	0.896~0.986	0.960	0.889	0.499***	**0.943**		
人才自我创新期待	4.197	0.785	0.922	0.800~0.956	0.927	0.811	0.472***	0.450***	**0.901**	
人才创新绩效	4.135	0.785	0.945	0.899~0.950	0.953	0.837	0.412***	0.408***	0.532***	**0.915**

注:*、**、***分别表示 $p<0.05$、$p<0.01$、$p<0.001$,下同;对角线粗体字为 AVE 平方根。

---

① Podsakoff P M, MacKenzie S B, Lee J Y, et al. Common method biases in behavioral research: A critical review of the literature and recommended remedies[J]. Journal of Applied Psychology, 2003, 88(5): 879-903.

由表 2 可知，χ^2/df 小于 3，RESEA 小于 0.08，CFI 和 TLI 均大于 0.9，SRMR 小于 0.08，说明测量模型整体拟合度理想。表 3 的信效度分析结果表明，各潜变量的 Cronbach's α 值均大于 0.9，说明量表具有较好的内部一致性。各变量因子载荷均大于 0.6，各潜变量平均方差提取量 AVE 均远大于 0.5，且组合信度 CR 均大于 0.8，说明各潜变量的收敛效度理想。此外，变量相关系数的绝对值均小于对应的 AVE 平方根，说明各潜变量不仅具有一定相关性，而且具有较高的区分效度。

（三）假设检验

采用 Mplus8.3 构建结构方程模型（SEM），计算路径系数并检验其显著性[1]，结构方程模型的数据分析结果如表 4 所示。在控制性别、年龄、受教育程度、工作年限等相关变量的基础上，政策感知对人才创新绩效的直接效应并不显著（$p > 0.05$），假设 H2 未得到验证。而组织创新氛围和人才自我创新期待对人才创新绩效具有显著正向影响，标准化系数分别为 0.200（$p < 0.05$）、0.716（$p < 0.001$），假设 H1 和假设 H3 得到支持。政策感知和组织创新氛围均对人才自我创新期待具有显著的促进效应，标准化系数分别为 0.294（$p < 0.05$）、0.491（$p < 0.001$），假设 H4、H6 得到支持。

本研究采用偏差校正的非参数百分位 Bootstrap 方法检验人才自我创新期待的中介效应。Bootstrap 方法适用于中小样本的中介效应检验，受到诸多研究者的青睐。重复抽样 5000 次，设置 95% 的置信区间，得到各中介路径的中介效应的置信区间如表 5 所示。若置信区间不包含 0，则说明该路径的中介效应显著。研究结果表明，人才自我创新期待在政策感知和人才创新绩效之间的中介效应显著，效应值为 0.186（$p < 0.01$），Bias-Corrected 95% 和 Percentile 95% 的置信区间均不包含 0，假设 H7 成立。组织创新氛围通过人才创新期待影响创新绩效，人才自我创新期待在其中的中介效应量为 0.340（$p < 0.01$），占总效应的 63.79%，Bias-Corrected 95% 和 Percentile 95% 置信区间均不包含 0，假设 H5 成立。这说明与政策感知相比，组织创新氛围对人才创新绩效的增进效应更显著。

表 4 路径系数检验结果

路径	非标准化系数	标准化系数	S.E.	Est./S.E.	p
政策感知→人才创新绩效	0.022	0.025	0.052	0.423	0.672
组织创新氛围→人才创新绩效	0.193	0.200	0.078	2.482	0.013
人才自我创新期待→人才创新绩效	0.628	0.716	0.066	9.488	0.000
政策感知→人才自我创新期待	0.297	0.294	0.094	3.150	0.002
组织创新氛围→人才自我创新期待	0.541	0.491	0.104	5.188	0.000

① 温忠麟,叶宝娟.中介效应分析:方法和模型发展[J].心理科学进展,2014(5):731-745.

表 5　人才自我创新期待的中介效应检验结果

路径	效应	Estimate	S. E.	p	Bias-Corrected		Percentile	
					Lower 2.5%	Upper 2.5%	Lower 2.5%	Upper 2.5%
政策感知→人才创新绩效	总效应	0.208	0.081	0.010	0.065	0.386	0.063	0.381
	直接效应	0.022	0.052	0.672	-0.069	0.132	-0.066	0.138
	中介效应	0.186	0.061	0.002	0.078	0.319	0.069	0.306
组织创新氛围→人才创新绩效	总效应	0.533	0.099	0.000	0.331	0.712	0.334	0.713
	直接效应	0.193	0.078	0.013	0.047	0.355	0.040	0.346
	中介效应	0.340	0.077	0.000	0.199	0.496	0.196	0.493

(四)稳健性检验

依次采用逐步回归法和 Process 程序对人才自我创新期待的中介效应进行稳健性检验。第一,采用逐步回归法检验回归系数,结果如表 6 所示。首先,检验政策感知与组织创新氛围对人才创新绩效的影响。表 6 中的 M2 表明,政策感知与组织创新氛围均对人才创新绩效具有显著正向影响。然后,检验政策感知和组织创新氛围对人才自我创新期待的影响。M1 表明,政策感知和组织创新氛围均对人才创新自我期待具有显著正向影响。最后,纳入人才自我创新期待,检验政策感知和组织创新氛围对人才创新绩效的影响。M3 表明,人才自我创新期待对人才创新绩效具有显著正向影响。在加入人才自我创新期待后,政策感知对人才创新绩效的影响不再显著,组织创新氛围对人才创新绩效仍有显著的促进作用,但效应值减小,由此人才自我创新期待的中介效应进一步得到验证。第二,利用 Process 程序对人才自我创新期待的中介效应进行分析,抽样次数设置为 5000 次,置信区间设置为 95%,检验结果进一步证实了上述研究结论,具体见表 7,再次证明研究结果稳健。

表 6　逐步回归分析结果

变量	人才自我创新期待	人才创新绩效	
	M1	M2	M3
自变量			
政策感知	0.284***	0.253***	0.070
组织创新氛围	0.469***	0.515***	0.212***
中介变量			
人才自我创新期待			0.646***

续表

变量	人才自我创新期待	人才创新绩效	
	M1	M2	M3
控制变量	控制	控制	控制
R^2	0.515	0.553	0.755
ΔR^2	0.491	0.515	0.717
F	79.423***	92.297***	196.572***

表7　Process 程序中介效应检验结果

路径	总效应			直接效应			间接效应		
	效应值	95%置信区间		效应值	95%置信区间		效应值	95%置信区间	
		下限	上限		下限	上限		下限	上限
政策感知→人才创新绩效	0.238	0.148	0.328	0.066	−0.004	0.135	0.172	0.086	0.263
组织创新氛围→人才创新绩效	0.513	0.417	0.609	0.211	0.134	0.289	0.302	0.194	0.409

五、结论与讨论

(一)研究结论

本文在对国内外研究成果进行梳理的基础上,构建结构方程模型,探究政策感知和组织创新氛围对人才创新绩效的影响机制,以及人才自我创新期待的中介作用。研究结果表明,人才创新绩效是多类因素共同作用的结果,政策感知和组织创新氛围通过人才自我创新期待对人才创新绩效发挥积极作用。该研究结论不仅具有学术意义,而且具有现实启示。

第一,政策感知对人才创新绩效具有正向影响,但政策感知的直接效用并不显著,而是通过人才自我创新期待的中介作用实现人才创新绩效提升。不同于现有探索创新意愿、创新自我效能感中介效应的研究,本文基于期望价值理论,检验人才自我创新期待的中介作用。创新政策会释放出鼓励创新的信号,具有较强的"信号效应"。政府对人才创新活动的支持和认可有助于激发人才更高的自我创新期待,引导人才努力实现预期绩效。当感知到政策期待时,人才会将这种外界期待转化为自我创新期待,从而推动创新绩效提高。上述结论呼应了已有研究成果,即政策感知对人才创新绩效的积极效应是通过其他中介变量实现的。[1] 政策感知通过人才自我创新期待对人才创新绩效产生增进效用,该结论丰富了有关政策感知与人才创新绩效关系的研究成果,进一步补充了人才创新绩效的解释因素,揭开了政策感知与人才创新绩效之间传导机制的"黑箱",为提升人才创新绩效提供了新的本土化经验证据。

实证分析结果表明,人才自我创新期待的中介效应占政策感知对人才创新绩效总效应的 89.42%,而政策感知对人才创新绩效的直接效应不显著,说明仍存在其他变量在政策感知与人才创新绩效之间发挥中介效应或遮掩效应。未来研究可以同时纳入多个中介变量,比较不同中介变量的效用和作用方向,探索政策感知对人才创新绩效的不同作用路径。

第二,组织创新氛围不仅直接作用于人才创新绩效,而且通过提高人才自我创新期待对人才创新绩效发挥促进效应。组织创新氛围作为影响人才创新绩效的重要环境因素已经得到广泛关注,但对创新绩效的影响并非单一路径,还会通过个体心理因素发挥作用。人才自我创新期待来自感知到的外界期待,人才将外界期待内化为自我创新期待,外显为创新绩效。因此,本文引入人才自我创新期待作为中介变量,发现人才自我创新期待在组织创新氛围与人才创新绩效中发挥中介作用。上述研究结论既呼应了 Drazin 等[2]的研究结果,也符合经典社会认知理论,即工作氛围可以激发个体的行为反应[3]。当个体感知到良好的组织创新氛围时,便会做出积极的创新行为反应,从而更容易取得较好的创新绩效。

(二)学术意义

本文突破单一视角研究创新绩效影响因素的局限,从个体心理机制出发,以人才自我创新期待为中介变量,揭示政策感知和组织创新氛围对人才创新绩效的影响机制,丰富了人才创新绩效的政策影响因素和组织影响因素的讨论。

第一,探究了以政策感知为表征的创新支持政策对人才创新绩效的影响。人才创新绩效影响因素议题已取得丰富的研究成果,领导风格、组织文化等组织因素以及能力、认知等个体因素对人才创新的影响得到了广泛探索。公共政策支持人才发

---

[1] 冉建宇,胡培,童洪志.创客政策感知对其创新行为的影响机理——知识获取的中介与创新自我效能感的调节[J].科技进步与对策,2020(13):1-9.

[2] Drazin R, Glynn M A, Kazanjian R K. Multilevel theorizing about creativity in organizations: A sensemaking perspective[J]. Academy of Management Review,1999,24(2):286-307.

[3] Chen Z, Chen G H. The influence of green technology cognition in adoption behavior: On the consideration of green innovation policy perception's moderating effect[J]. Journal of Discrete Mathematical Sciences and Cryptography,2017,20(6-7):1551-1559.

展,尤其是在中国情境下,各级政府出台大量政策鼓励人才创新。既有研究为政策干预的创新效用提供了大量证据,但多集中于政策本身的功能[①],且结果变量多为宏观层面的区域创新绩效和中观层面的组织创新绩效,对于政策如何促进人才创新绩效的解释仍然不足[②],政策客体的主观感受影响人才创新绩效的理论解释和实证分析仍有待进一步探索。在同一政策环境中,不同个体的政策感知有差异,而不同的政策感知可能是造成个体创新绩效差异的重要原因。本文通过回顾以往关于政策与人才创新绩效关系的研究,发现了一种新机制,即对人才政策的积极感知通过自我创新期待促进创新绩效提升。这一发现呼应了勒温的场动力理论,即个体行为表现是知觉到的外在环境和个体心理因素综合作用的结果。

第二,进一步证实了积极的组织创新氛围是提高人才创新绩效的重要情境因素,丰富了人才创新绩效的前因机制。组织创新氛围与创新绩效具有较强关联,诸多研究探讨了组织创新氛围对组织或团队层面创新的作用[③],以及对个体创新绩效的直接影响。组织创新氛围对人才创新绩效的推动作用已得到广泛认可,但其作用机制仍存在探索空间。本文为研究人才创新绩效的形成机理提供了一个全新的视角,并纳入人才自我创新期待这一重要中介变量,揭示了人才创新的微观机制,进一步论证了组织创新氛围对激发个体创新绩效的重要意义。

第三,丰富了自我实现预言在人才创新领域的应用,证实了激励人才创新过程中的皮格马利翁效应。作为提升人才创新绩效的关键性自我认知机制,自我创新期待的动机效能可以引发自我实现预言。鲜有研究从期望角度阐释政策感知和组织创新氛围影响人才创新绩效的过程机制。从自我实现预言的角度看,人才将外在的角色期待内化为自我角色期待,有助于激励其投身于创新活动并提高创新绩效。人才自我创新期待中介效应模型的构建丰富了人才创新绩效的前因变量,揭示了人才自我创新期待是政策感知和组织创新氛围影响人才创新绩效的必要机制,拓展了自我创新期待的诠释范围。

第四,比较了政策因素和组织因素对人才创新绩效的作用。政策因素与组织因素共同作用于人才创新绩效,但何者作用更大,现有研究并未给出明确解答。因此,本研究将政策因素和组织因素纳入同一研究框架,尝试通过政策感知和组织创新氛

① Yang S, Cheng P, Li J, et al. Which group should policies target? Effects of incentive policies and product cognitions for electric vehicle adoption among Chinese consumers[J]. Energy Policy,2019,135(C):111009.

② Yang C. Impact of nudging policy on the performance of research scientists in state key laboratories of China: Innovation search capabilities as mediators[J]. Asian Journal of Technology Innovation,2020,28(3): 427-452.

③ Amabile T M, Conti R, Coon H, et al. Assessing the work environment for creativity[J]. Academy of Management Journal,1996,39(5):1154-1184.

围两个变量打破宏微观研究的分野。研究发现,与政策感知相比,组织创新氛围对人才创新绩效具有更显著的影响力。这表明,组织创新氛围感知是比外界政策感知更具影响力的创新绩效前置因素。因此,在激发人才创新活力、提升人才创新绩效的实践中,除政策感知因素外,更重要的是鼓励用人单位营造良好的组织创新氛围,发挥用人主体对人才创新的促进作用。

(三)现实启示

在全球抢人大战的背景下,人力资本和知识成为区域及组织的关键资源。基于研究结论,本文提出以下现实启示。

第一,对于政策制定者而言,在为人才提供资金、平台、设备等创新保障的同时,也要不断拓展政策宣传和沟通渠道,优化政策信息呈现和获取方式,增强人才政策感知,传达政策对人才创新的积极期待。具体而言,探索以岗位绩效工资为主体的薪酬激励制度,增加保障性经费供给;营造全社会鼓励创新的氛围,对人才参与创新活动给予充分认可和肯定,积极倡导尊重人才、鼓励创新的社会文化,最大限度激发各类人才创新热情和自我创新期待;积极宣传和大力推介人才政策与创新政策,及时汇编和解读各类相关政策,降低人才对相关政策的搜寻成本和理解成本,增强人才对创新政策的积极感知;简化政策执行流程,压缩政策兑现时间,鼓励人才参与创新政策制定[①],并就政策内容、执行方式、兑现流程等进行宣讲,提高政策执行效率。

第二,对组织管理者而言,一是向人才传达出创新对组织发展和个人发展的重要性,使人才感知到组织的创新期待。如出台创新激励制度和规范,对组织创新进行战略部署;主动表示对创新的重视,在不同重要场合积极表达对人才创新的高度期望;设置创新绩效奖,对参与创新活动或取得优秀创新成果的人才给予物质和精神奖励。二是加大对人才创新的资源支持,保证有创新能力、创新想法的人才能顺利开展创新活动。创新是高风险活动,需要消耗大量资源、时间和精力。因此,组织应该为人才创新提供良好的设备、资金、技术与学习机会,不断完善组织创新制度,向人才传达组织对创新的支持。如,将开展创新活动明确纳入岗位职责,积极搭建人才培训和交流平台,提高人才专业素养和创新能力,传达组织对人才创新的积极期望,以此提升人才自我创新期待。三是建立创新容错机制,为人才营造宽松包容、自由探索的氛围。如鼓励人才自由交流合作和搭建创新团队,营造良好的团队合作氛围;给予人才一定的创新自主权,鼓励人才自由探索;宽容创新失败,为人才提供

---

① 陈丽君,金铭.人才政策营销的要素内涵与作用机制——基于扎根理论方法的探索性研究[J].科技进步与对策,2021,38(16):135-141.

积极的沟通和反馈渠道,帮助人才解决创新过程中的阻碍和困难,及时总结创新失败经验,鼓励人才持续探索,避免人才因创新失败降低对自身创新的期待。

(四)研究局限与展望

本研究也存在一定不足。第一,本研究采用同源数据,虽然同源偏差在可接受范围内,但同源偏差的存在会干扰研究结论的信服力,未来研究可以通过他评、追踪研究等事前控制方式来减少同源偏差。第二,本研究采用的是截面数据,对政策感知、组织创新氛围与人才创新绩效关系的解释力存在局限,未来可以采用面板数据进行严格的动态检验,以获取更可靠的研究结果。第三,本文样本来自同一城市,研究模型和结论是否适用于其他城市仍有待检验,未来可以在考虑地区差异的基础上,以多个城市人才为样本,在更大范围内开展研究,提高本研究结论的代表性和解释力。

基金项目:国家社会科学基金重大项目(21ZDA015)、浙江省科技厅省软科学研究计划重点项目(2022C25057)

作者:陈丽君(浙江省人才发展研究院院长,浙江大学公共管理学院教授、博士生导师)、胡晓慧(浙江大学公共管理学院博士研究生)

发表期刊:《科技进步与对策》2024 年第 3 期

静观数字变革　着力"关键少数"

　　自 2022 年初开始的互联网行业裁员现象引发了人们对数字经济可持续发展的担忧。2023 年 3 月，ChatGPT(一种新型智能聊天工具)的横空出世给全球数字技术带来了巨大震动，世界范围内的数字经济都在经历一场变革。Sortlist Data Hub(国外著名数据调查公司)的一项新调查显示，ChatGPT 直接导致 26％的欧洲软件和科技公司计划裁员，在美国，微软、谷歌、亚马逊等行业巨头也加快了裁员的步伐。

　　未来已来，数字经济正在展现它巨大的不确定性和确定性。这里所谓的不确定性是说数字技术高峰并未出现。我们无法判断现有的数字企业，如百度、阿里巴巴、腾讯能否稳固它们的行业领袖地位，继续引领数字经济发展；又或者是否会出现新的巨头取而代之，抑或是出现无数家独角兽企业。这毫无疑问需要时间的检验。一种主流的观点是，以小模型算法为支撑的数字技术，由于算力的有限性，将被大模型算法取代。谁拥有大模型，谁将主导下一个风口。所谓的确定性是指数字企业的更新迭代会提速，很多企业来不及转型就会被替代。当然，这种确定性也预示着，在中国这块创新创业的热土上，未来的数字经济会更加精彩纷呈。因为这里是世界制造业中心，还有着庞大的人口和稳定的消费升级需求。

　　在这种确定性和不确定性交织的时刻，人才工作应静观数字行业巨变，把有限的财政资源用到刀刃上，通过"把握'关键少数'、重塑高等教育、力推产业变革"，实现人才工作赋能数字经济。

一、人才工作应聚焦关键企业家，"抓少数"而不"点人数"

　　迎接快速迭代的数字经济时代，当下人才工作的重点不在于识别各路人才，而应着力寻找能够创造价值的人才。众所周知，经济起飞在于将创造价值、传递价值和实现价值三个环节打通而形成闭环。其中，创造价值是这个过程的关键点。可以说，在如今数字经济的商业模式并不清晰的时候，谁能奠定商业模式，谁就是企业家，谁就是人才。正如著名经济学家熊彼特所言，在创造价值的人身边，自然而然地会出现那些传递价值和实现价值的人才。换言之，只要有了企业家，自然而然会有工程师、财务师、营销师、运营师……乃至每一个细分的岗位。政府要操心的事情是激励人们创新创业，塑造一个公平竞争的环境，相信市场会孕育出企业家，更要相信企业家会用合适的机制选拔出想要的人才。阿里云的创始人王坚院士就是一个很好的例子，他在加入阿里巴巴之前，先后在高校和企业研究院担任科研工作，在被邀请到阿里巴巴以后，他的作用得到了更大的发挥，成就了阿里云技术在世界云计算领域的一席之地。

二、人才工作要着力变革高等教育育人模式，"破围墙"而不"砌高墙"

现阶段我国 85% 的科研人才毕业于国内高等院校。国内高等院校的教学方案和人才培养模式在过去十年间的变化远不及产业界，很多高校的专业建设对新技术变革不敏感，对市场环境不热衷，并没有开发出适应数字经济高速发展的人才培养模式。要解决这一问题，有效的办法是尽快变革一成不变的专业育人和课程体系，引入大量双师型的教师队伍，让身经百战的企业家、身处于一线的企业工程师为大学生提供长学时授课。同时，解放教师科研压力，鼓励一线的大学教师到数字经济前沿阵地去挂职和兼职锻炼，让课堂的知识真正鲜活起来。教育部门可以变革现有教育体制机制，如尝试八年一贯制本硕博培养体系、跨学科博士培养体系、专业应用型博士培养体系等新教育形态。党的二十大指出，教育、科技、人才是全面建设社会主义现代化国家的基础性、战略性支撑，为未来人才工作举旗定向，高等教育回应时代之问恰逢其时。

三、人才工作要着力引导传统产业融入数字化变革，
从"数字产业"过渡到"产业数字"

数字产业化和产业数字化，前者红海一片，后者蓝海正兴。可以看到，经过十余年的充分竞争，大量的数字化企业正在进入低利润和无秘密时代。未来的巨大机会在哪里？在于传统产业的数字化。这就意味着传统农业、传统制造业应当尽快拥抱数字化的浪潮。各级政府应积极引导相关产业，以壮士断腕的勇气去迎接变革。以

传统造车技术为例,目前走在前列的企业早在十年前就开始布局数字孪生技术,在虚拟世界先模拟造车,再到真实世界予以实现,这就是拥抱技术的红利。农业领域同样也大有可为,迫切需要与物联网、人工智能、区块链等新一代信息技术深度融合。人才工作要重点关注智慧种植 CEO、智慧畜牧 CEO、智慧渔业 CEO、智能农机 CEO、智慧园区 CEO 等领军人物,鼓励其在探索智慧农业建设、应用数字技术驱动农业现代化上抢占高地,走在世界的最前端。

作者:苗青(浙江省人才发展研究院副院长,浙江大学公共管理学院教授、博士生导师)

包容型人才开发模式对工作幸福感的影响

——一个被调节的中介模型

在 2022 年春节团拜会上,习近平总书记深刻指出:"世界上最大的幸福莫过于为人民幸福而奋斗。"[①]在新的历史阶段,促进共同富裕不仅仅体现在经济上,同样重要的是促进人民群众的精神富裕。幸福感不只局限于物质层面,也包含了心理健康和精神充实等重要方面。为实现全体社会成员的幸福,必须关注工作幸福感。工作幸福感是个体在工作过程中体验到的积极评价和情感体验的总和[②],近年来受到了越来越多的认可和重视。它不仅反映了个体对工作本身的满意程度,还影响着整体组织的生产力、创新能力以及员工的忠诚度。[③] 因此,政府、企业和学术界都在积极探讨如何创造更有利于提升工作幸福感的环境。2021 年,简单心理等多个平台联合发布的一项大众报告显示,超半数的职场人在工作中存在无意义感、缺乏目标、情绪低落、抑郁、自信心受挫和自卑等现象。这既损害了员工在工作中的幸福感,也损害了员工的心理健康。为缓解这些现象,部分企业或组织试图以提高薪酬和年终奖、完善工作设施等措施来提升员工幸福感,然而这类措施往往难以消除员工焦虑和抑郁等消极现象[④],也就难以达成提高员工幸福感的目的。现今企业正面临可持续性人力资源管理的变革,帮助员工提升工作幸福感已成为众多高管优先考虑的事项[⑤]。

---

① 习近平.在二〇二二年春节团拜会上的讲话[N].人民日报,2022-01-31(1).

② 孙健敏,李秀凤,林丛丛.工作幸福感的概念演进与测量[J].中国人力资源开发,2016(13):38-47.

③ Miao R, Cao Y. High-performance work system, work well-being, and employee creativity: Cross-level moderating role of transformational leadership[J]. International Journal of Environmental Research and Public Health, 2019, 16(9):1640.

④ Luo T W, Yan C Y, Zhang X. Heterogeneity of urban and rural areas in association of fringe benefits and depression: A cross-sectional study[J]. Frontiers in Public Health, 2022, 10:811165.

⑤ Kaliannan M, Darmalinggam D, Dorasamy M, et al. Inclusive talent development as a key talent management approach: A systematic literature review[J]. Human Resource Management Review, 2023, 33(1):100926.

提升员工工作幸福感既是未来工作转型的三大目标之一,也是组织是否践行"以人为本"理念的重要评价标准。

当前,新生代员工已成为职场主力,他们渴求个人的发展、追求自我感知、看重人际公平[1],这与主张包容共赢的中国传统的包容文化和现代社会的包容理念相契合。中国传统文化强调"海纳百川,有容乃大",包容是中华文化的历史启示。践行包容理念也是现代企业人才管理的一大趋势。麦肯锡公司2019年提出"包容即智慧,多元即优势",谷歌(Google)、顺丰等企业都将包容作为企业文化的核心价值观之一。包容理念在管理实践中有重要意义。包容型领导风格有利于增进下属的积极情感,提高创新绩效[2],也有助于提升团队满意度和凝聚力[3]。而包容氛围可以帮助员工在组织内感受到归属感和促进员工职业成长[4],也可以帮助组织应对外界的挑战及发展自身优势[5]。然而目前关于包容管理的研究大多集中在包容型领导风格和包容氛围两方面,较少针对包容型人才开发模式进行研究。为在管理实践的过程中引入包容的思想,有研究者将中国传统的包容文化和现代社会的包容理念与招聘、使用、培育、激励人才的过程相结合,形成一种新的管理实践——包容型人才开发模式。[6] 该模式强调多元化、异质化的人才队伍建设,重视组织和员工共赢,鼓励创新包容失败,愿意投入资本对员工进行培养[7]并积极推动员工与组织间的通畅交流[8]。研究表明,包容型人才开发模式不仅对于创新型企业的员工的绩效和高校科技成果创新质量有显著正向影响,而且能通过工作激情显著降低新生代员工的离职倾向。[9] 因此,本研究认为,包容型人才开发模式在当今新生代员工逐渐成为职场主

---

① 侯烜方,刘蕴琦,黄蓉,等.新生代员工工作价值观对越轨创新的影响机制:标新立异还是阳奉阴违[J].科技进步与对策,2021(14):143-150.

② Ashikali T, Groeneveld S, Kuipers B. The role of inclusive leadership in supporting an inclusive climate in diverse public sector teams[J]. Review of Public Personnel Administration,2021,41(3):497-519.

③ Mousa M. Responsible leadership and organizational commitment among physicians: Can inclusive diversity climate enhance the relationship? [J]. Journal of Intercultural Management,2017,9(2):103-141.

④ Nishii L H. The benefits of climate for inclusion for gender-diverse groups[J]. Academy of Management Journal,2013,56(6):1754-1774.

⑤ Bodla A A, Tang N, Jiang W, et al. Diversity and creativity in cross-national teams: The role of team knowledge sharing and inclusive climate[J]. Journal of Management & Organization,2018,24(5):711-729.

⑥ Kaliannan M, Darmalingam D, Dorasamy M, et al. Inclusive talent development as a key talent management approach: A systematic literature review[J]. Human Resource Management Review,2023,33(1):100926.

⑦ 方阳春,贾丹,方邵旭辉.包容型人才开发模式对高校教师创新行为的影响研究[J].科研管理,2015(5):72-79.

⑧ 王丽平,王俊霞.包容型人才开发模式对高校科技成果创新质量的影响机制研究[J].科技进步与对策,2019(3):146-153.

⑨ Fang Y C, Chen J Y, Zhang X D, et al. The impact of inclusive talent development model on turnover intention of new generation employees: The mediation of work passion[J]. International Journal of Environmental Research and Public Health,2020,17(17):1-17.

力、工作环境越来越强调包容和幸福的现代职场环境下,对提升员工工作幸福感具有重要的实践意义,有必要对其与工作幸福感之间的关系和作用机制进行深入探讨。

情感事件理论认为,稳定的工作环境中会出现各种工作事件,这些工作事件会使员工产生不同的情感,进而影响他们的工作满意度和工作投入度。[①] 同时,该理论认为,员工的情感状态和工作事件之间的关系会受到外部环境和个人因素的影响。包容型人才开发模式下发生的工作事件会促使员工产生自己在工作中不断进步且有能力完成工作的心态,产生积极的情绪,进而影响员工的工作幸福感。新生代员工追求标新立异[②],本研究认为,该过程会受到员工的代际影响,新生代员工会对包容型人才开发模式的影响更加敏感。

综上所述,本研究基于情感事件理论,构建以工作旺盛感为中介变量、代际为调节变量的有调节的中介作用模型,以探究包容型人才开发模式与工作幸福感之间的关系。本研究拟解决或探究的问题有三个:一是包容型人才开发模式对工作幸福感的影响机制;二是探究包容型人才开发模式是否会通过影响工作旺盛感从而影响员工工作幸福感,即探究工作旺盛感的中介作用;三是探究不同代际的员工受到包容型人才开发模式的影响是否不同,即探究代际的调节作用。

一、理论基础与研究假设

(一)包容型人才开发模式与员工工作幸福感

工作幸福感可以被定义为个体在工作过程中体验到的积极评价和情感体验。[③] 已有大量学者从绩效管理、领导风格、工作环境和工作特征等因素出发对员工工作幸福感进行研究。[④] 然而,包容型人才开发模式作为一种蕴含包容思想的管理实践,能够很好地迎合新生代员工对自身发展和公平工作环境的需求。相比以往从薪酬和工作设计等角度试图提升员工工作幸福感,包容型人才开发模式既能提高员工的

① Weiss H M, Cropanzano R. Affective events theory: A theoretical discussion of the structure, causes and consequences of affective experiences at work[J]. Research in Organizational Behavior, 1996, 18(3):1-74.
② 侯烜方,刘蕴琦,黄蓉,等. 新生代员工工作价值观对越轨创新的影响机制:标新立异还是阳奉阴违[J]. 科技进步与对策. 2021(14):143-150.
③ 孙健敏,李秀凤,林丛丛. 工作幸福感的概念演进与测量[J]. 中国人力资源开发,2016(13):38-47.
④ Luo T W, Yan C Y, Zhang X. Heterogeneity of urban and rural areas in association of fringe benefits and depression: A cross-sectional study[J]. Frontiers in Public Health, 2022, 10:811165;Zeynep B U. How does inequality hamper subjective well-being? The role of fairness[J]. Social Indicators Research,2021,158(2): 377-407;陈春花,宋一晓. 组织支持资源对员工幸福感的影响机制:双案例比较研究[J]. 管理学报,2014(11):1639-1645.

工作幸福感,也能促使员工成长为企业的支柱,发展企业需要的知识和技能,进而实现员工与企业的双赢。[1]

包容型人才开发模式如何影响员工工作幸福感? 根据情感事件理论[2],包容型人才开发模式表现出的积极工作特征及工作事件能够促使员工对工作产生积极认知和评价,激发员工的积极情绪,从而有利于提高其工作幸福感。第一,该模式强调公平。公平感知能激发员工工作的幸福感[3],当员工感知到组织内部的决策和资源分配公正,不因与工作无关的身份背景等因素而有所区别时,他们会更加信任组织,减少同事之间的猜忌和对公司的不满,从而提高工作幸福感水平。第二,该模式主张构建多样化人才队伍。包容型人才开发模式强调的开放、包容的工作氛围,可以促进员工建立相互之间的深层次沟通,并促进知识技能的相互交流和互相帮助,从而激发员工对组织与工作的积极情感。第三,该模式重视发挥员工的潜能并将其培育成个人的独特优势。一方面,员工将工作自主内化以提升员工在工作中的激情和责任感的过程能有效强化工作幸福感[4];另一方面,鼓励员工发挥长处会增强员工对自我的肯定,认为自己有能力完成工作并受到上级的赏识,进而促进工作幸福感。第四,该模式要求组织在处理员工创新和失败时保持理性包容的态度。这种理性包容既能缓解员工在失败后可能产生的消极情绪,也能鼓励员工敢于尝试新的技术和方法,并勇于表达自己的观点和想法,使得员工能够将自己的创新性想法付诸行动并提供更多的建言,增强员工的安全感和幸福感,也有助于组织的优化和变革。第五,包容型人才开发模式主张利用资源培养员工的专业能力,增加其知识储备。充足的工作资源能增加员工在工作上的投入,这是重要的心理资源[5],组织的资源支持能提升员工的工作积极性并减少其工作压力,还能帮助员工在自己的工作领域不断进步和发展,提升职业动力和自信心,进而促进员工幸福感的提升[6]。综上所述,本

① Fang Y C, Chen J Y, Zhang X D, et al. The impact of inclusive talent development model on turnover intention of new generation employees: The mediation of work passion[J]. International Journal of Environmental Research and Public Health, 2020,17(17):1-17.

② Weiss H M, Cropanzano R. Affective events theory: A theoretical discussion of the structure, causes and consequences of affective experiences at work[J]. Research in Organizational Behavior, 1996, 18(3):1-74.

③ Zeynep B U. How does inequality hamper subjective well-being? The role of fairness[J]. Social Indicators Research, 2021,158(2): 377-407.

④ Kaliannan M, Darmalinggam D, Dorasamy M, et al. Inclusive talent development as a key talent management approach: A systematic literature review[J]. Human Resource Management Review, 2023, 33(1): 100926.

⑤ Escrig-Tena A B, Segarra-Ciprés M, García-Juan B, et al. Examining the relationship between work conditions and entrepreneurial behavior of employees: Does employee well-being matter? [J]. Journal of Management & Organization, 2022,9:1-23.

⑥ 陈春花、宋一晓. 组织支持资源对员工幸福感的影响机制:双案例比较研究[J]. 管理学报,2014(11):1639-1645.

研究提出以下假设:

H1:包容型人才开发模式能显著正向影响员工工作幸福感。

（二）工作旺盛感的中介作用

工作旺盛感,又称工作繁荣,是个体在工作中体验到学习和活力的积极心理状态。[1] 其中,学习是指通过习得知识和掌握技能来提升个体对自身能够完成某项工作的信念的过程,活力是指在工作过程中个体感受到有能力完成任务和愿意主动完成任务的感觉。[2] 工作旺盛感的出现通常与以下几个方面密切相关。首先,工作本身是否具有挑战性和意义,是否能够激发个体的兴趣和动力。当工作任务具备一定难度和复杂性,而个体具备相应的技能和能力去应对时,会促进个体的工作旺盛感。[3] 其次,工作环境对于培育工作旺盛感也起着重要作用。[4] 积极和充满支持性的工作环境能够激发员工的创造力和主动性,使得个体更愿意投入精力去解决问题和追求目标。此外,领导风格和组织文化也对工作旺盛感产生影响。包容型人才开发模式鼓励的开放式的管理实践能够促进员工积极参与,提升其创新能力,而鼓励学习和试错的组织文化也能促进员工在工作中持续地体验到自身通过持续学习实现个人能力成长的感觉。同时,个体在工作中的自主感和控制感,也会对工作旺盛感产生影响。[5] 当个体感到自己在工作中有足够的决策权和自主选择的机会时,就会更有动力去投入工作,提高工作旺盛感。作为一种积极的组织管理实践,包容型人才开发模式会促进员工的工作旺盛感。组织公平对待员工并真诚主张与员工共赢,员工就会更愿意投入工作中并展现自己,有助于提升其自主感、胜任感和归属感,从而体验到工作旺盛感。[6] 该模式理性地包容员工的创新与失败,能鼓励员工在失败

① Spreitzer G, Sutcliffe K, Dutton J, et al. A socially embedded model of thriving at work[J]. Organization Science, 2005, 16(5):537-549.

② 李芳敏,李圭泉,赵励远. 工作外因素对工作旺盛感的影响:资源消耗还是资源补充? [J]. 中国人力资源开发, 2022(3):69-81.

③ Prem R, Ohly S, Kubicek B, et al. Thriving on challenge stressors? Exploring time pressure and learning demands as antecedents of thriving at work[J]. Journal of Organizational Behavior, 2017, 38(1):108-123.

④ Spreitzer G, Porath C L, Gibson C B. Toward human sustainability: How to enable more thriving at work[J]. Organizational Dynamics, 2012, 41(2):155-162.

⑤ Jiang Z, Di Milia L, Jiang Y, et al. Thriving at work: A mentoring-moderated process linking task identity and autonomy to job satisfaction[J]. Journal of Vocational Behavior, 2020, 118:103373.

⑥ 刘玉新,朱楠,陈晨,等. 员工何以蓬勃旺盛? 影响工作旺盛感的组织情境与理论模型[J]. 心理科学进展, 2019 (12):2122-2132.

中学习并总结经验教训,增强完成任务的自信心和工作活力。[1] 根据情感事件理论[2],员工对工作事件的积极态度和评价会转化为员工的积极情感,提高其工作积极性和旺盛感。据此提出以下假设:

H2:工作旺盛感是包容型人才开发模式与员工工作幸福感之间的中介变量。

(三)代际因素的调节作用

新生代与老一代员工对待工作有着较大的代际差异,不同世代的员工有不同的认知价值观、心理需求和工作情绪等[3],进而形成不同的需求特质。根据情感事件理论,这种特质会调节员工对工作事件的情感反应。总体而言,随着世代的推进,员工对外在价值观的追求在 X 世代(1965—1980 年)达到顶峰,员工对内在价值观(如有趣的工作和自身的成长)和休闲价值观(如工作与生活平衡)的偏好不断增强。[4] 新生代员工喜好挑战,追求自我实现的同时也显得"桀骜不驯",会做出各种反生产行为。[5] 但也有研究表明,感知到组织支持会显著提升新生代员工的工作体验[6],新生代员工在工作中的心理安全感也能显著降低资质过剩产生的负面影响[7]。一方面,新生代员工的特点给组织管理带来了很大的困扰;另一方面,新生代员工强烈地受到组织管理的影响,如果善于利用组织管理,则能够在资源有限的情况下降低激励和发展新生代员工的经济成本。本研究认为,相比老一代员工,新生代员工具有更强的工作自主性,并且更倾向于追求自我价值的实现,这会影响员工对工作事件的感知,他们对幸福感的需求方式也因此存在差异[8]。这可能导致包容型人才开发模式对各代际员工工作幸福感的作用相异,具体而言,包容型人才开发模式对新生代员工的影响会更加显著,而对老一代员工的影响更小,因此将代际因素作为整体研究模型的调节变量。本文提出以下假设:

H3:员工的代际因素会调节包容型人才开发模式与工作幸福感之间的关系。

---

① Kaliannan M, Darmalinggam D, Dorasamy M, et al. Inclusive talent development as a key talent management approach: A systematic literature review[J]. Human Resource Management Review, 2023, 33(1): 100926.

② Weiss H M, Cropanzano R. Affective events theory: A theoretical discussion of the structure, causes and consequences of affective experiences at work[J]. Research in Organizational Behavior, 1996, 18(3):1-74.

③ 李方君,王俊杰,陈泽英. 被妒忌感对员工积极情绪的影响:年龄的调节作用[J]. 心理科学, 2020(4):891-897.

④ Twenge J M, Campbell S M, Hoffman B J, et al. Generational differences in work values: Leisure and extrinsic values increasing, social and intrinsic values decreasing[J]. Journal of Management, 2010, 36(5): 1117-1142.

⑤ Li X, Yang P. Facilitate or diminish? Mechanisms of perceived organizational support on employee experience of new generation employees[J]. Psychological Reports, 2023,19: 00332941231183621.

⑥ 闫艳玲,张省,杨倩,等. 家庭支持型领导、技术压力与新生代员工反生产行为[J]. 软科学,2024(1):132-137.

⑦ 马丽,王姜硕. 新生代员工资质过剩感对越轨创新行为的影响——一个被调节的多中介模型[J]. 科技进步与对策,2024(10):140-149.

⑧ 赵宜萱,徐云飞. 新生代员工与非新生代员工的幸福感差异研究——基于工作特征与员工幸福感模型的比较[J]. 管理世界,2016(6):178-179.

本研究认为,代际因素在调节工作旺盛感在包容型人才开发模式与工作幸福感之间的中介作用方面发挥了重要作用。因此,本文提出以下假设:

H4:员工的代际因素会调节工作旺盛感在包容型人才开发模式与工作幸福感之间所起的中介作用。

综上,本研究构建理论模型如图1所示。

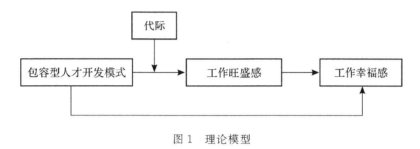

图1 理论模型

二、研究设计

(一)研究样本

本研究通过问卷调查收集数据,调研对象是来自浙江、江苏、安徽等地的企业员工。在正式调查之前,对部分企业员工进行了半结构化访谈,访谈例题如"你觉得什么样的工作让你有干劲"和"你希望公司或单位用什么样的方式进行管理",并根据访谈内容对问卷进行了完善。结合线上和线下调查,共分发400份正式调查问卷,在剔除了未填写完整和存在明显填写问题等无效问卷后,最终收回354份有效问卷,有效回收率达到88.5%。其中,男性占53.7%,女性占46.3%;代际上,90后员工占25.7%,85后占13.8%,80后占12.1%,75后占18.9%,其他(75前)占29.5%;所在岗位上,专业技术人员占46.6%,基层管理者占9.0%,中层管理者占22.6%,高层管理者占7.1%,高级技能人员占1.4%,其他员工占13.3%;学历上,大专及以下占18.1%,本科占75.4%,硕士占5.6%,博士占0.9%;月收入上,3000元以下占19.8%,3000—5000元占42.1%,5000—10000元占33.1%,10000元以上占5.0%。

(二)测量工具

本研究中使用的各研究量表均采用国内外成熟的量表,具有良好的信效度。除控制变量和代际因素外,各变量均采用李克特5点量表,1—5表示"很不符合"到"很符合"。

包容型人才开发模式:采用方阳春等[①]编制的量表,该量表共 18 个题项,代表性题目如"单位跨越身份、地域等的限定多渠道引进优秀人才"。删除因子载荷较低的 3 题后有 5 个维度,分别为多元化人才队伍建设、发挥员工的优势、注重员工培养、理性包容员工的创新思想与失败、重视公平和共赢(每个维度 3 题),α 系数分别为 0.764、0.803、0.775、0.829、0.735。该量表的 Cronbach's α 系数为 0.924。

工作旺盛感:采用 Porath 等[②]编制的量表,该量表共 10 个题项,代表性题目如"工作中,我觉得自己充满能量和精力"。删除因子载荷较低的 2 个反向题目后共有 2 个维度,分别为学习和活力,α 系数分别为 0.789、0.815。该量表的 Cronbach's α 系数为 0.866。

工作幸福感:采用 Zheng 等[③]编制的量表中的"工作幸福感"维度来进行测量,该部分共 6 个题项,代表性题目如"我对我具体的工作内容感到基本满意"。该量表的 Cronbach's α 系数为 0.851。

代际因素:以五年为一个间隔,将调查对象按照出生年份划分为 90 后、85 后、80 后、75 后以及其他(75 前)五个群组。

控制变量:鉴于学界已有共识和研究,本研究选择了 4 个可能影响工作幸福感的人口统计学变量,即性别、学历、岗位和月收入,作为控制变量进行研究。

三、数据分析与假设检验

(一)共同方法偏差检验

鉴于数据源自员工的自我报告,可能会存在共同方法偏差的风险[④],为规避该问题,本研究采用以下方法控制共同方法偏差:①采用匿名作答的方式减少调查对象的顾虑;②在正式调研之前对部分员工进行半结构化访谈并进行预调研,根据预调研结果对调查问卷进行相应调整。本研究使用了哈曼(Harman)单因子检验法,将所有问卷题目一起进行因子分析。[⑤] 结果显示,在未旋转的情况下,共有 4 个特征根

① 方阳春,贾丹,方邵旭辉. 包容型人才开发模式对高校教师创新行为的影响研究[J]. 科研管理,2015(5):72-79.
② Porath C,Spreitzer G,Gibson C,et al. Thriving at work:Toward its measurement,construct validation,and theoretical refinement[J]. Journal of Organizational Behavior,2012,33(2):250-275.
③ Zheng X M,Zhu W C,Zhao H X,et al. Employee well-being in organizations:Theoretical model,scale development,and cross-cultural validation[J]. Journal of Organizational Behavior,2015,36(5):621-644.
④ Podsakoff P M,Mackenzie S B,Lee J Y,et al. Common method biases in behavioral research:A critical review of the literature and recommended remedies[J]. Journal of Applied Psychology,2003,88(5):879-903.
⑤ Podsakoff P M,Mackenzie S B,Lee J Y,et al. Common method biases in behavioral research:A critical review of the literature and recommended remedies[J]. Journal of Applied Psychology,2003,88(5):879-903.

大于 1 的因子，且第一个公因子所解释的变异量为 41.38%，低于 50% 的临界值[①]。这表明，本研究不存在严重的共同方法偏差问题。

（二）验证性因子分析

通过 AMOS 23.0，采用验证性因子分析检验研究模型的适配度。表 1 的整体模型 CFA 结果表明，三因子模型的拟合指标（$c^2 = 790.896$，$df = 374$，$c^2/df = 2.115$，$RMSEA = 0.056$，$CFI = 0.917$，$TLI = 0.910$，$IFI = 0.917$）均高于二因子模型和单因子模型，表明三因子模型具有良好的区分效度。

表 1　验证性因子分析结果（$N = 354$）

模型	c^2	df	c^2/df	RMSEA	SRMR	CFI	TLI	IFI
三因子模型（ITD；TW；WB）	790.896	374	2.115	0.056	0.048	0.917	0.910	0.917
二因子模型（ITD；TW+WB）	840.590	376	2.236	0.059	0.049	0.907	0.900	0.908
二因子模型（ITD+TW；WB）	1165.510	376	3.100	0.077	0.066	0.842	0.830	0.843
单因子模型（ITD+TW+WB）	1312.279	377	3.481	0.048	0.068	0.813	0.799	0.814

注：ITD 表示包容型人才开发模式；TW 表示工作旺盛感；WB 表示工作幸福感；+表示合并因子。下同。

（三）描述性统计与相关分析

采用 SPSS 进行所有变量的描述性统计与相关分析，结果如表 2 所示。由表 2 可知，包容型人才开发模式与工作幸福感显著正相关，与工作旺盛感显著正相关。工作旺盛感与工作幸福感显著正相关。检验结果显示，各变量的 VIF 值在 1.020—1.908，符合 1—5 的标准，因此各变量不存在多重共线性问题。

表 2　描述性统计分析结果（$N = 354$）

变量	均值	标准差	1	2	3	4	5	6	7	8
1.性别	1.463	0.499	—							
2.学历	3.161	0.638	−0.03	—						
3.月收入	2.234	0.824	−0.196***	−0.104*	—					
4.岗位	3.248	1.621	−0.087	0.030	0.414***	—				
5.代际因素	3.124	1.588	−0.166**	0.126*	0.538***	0.354***	—			
6.包容型人才开发模式	3.877	0.530	0.048	0.046	−0.186***	0.010	−0.154**	**0.789**		
7.工作旺盛感	3.955	0.528	−0.026	0.053	−0.074	0.015	−0.002	0.671***	**0.713**	
8.工作幸福感	3.888	0.571	0.011	0.068	−0.076	0.022	−0.016	0.668***	0.757***	**0.703**

注：***、**、* 分别表示 $p < 0.001$、$p < 0.01$、$p < 0.05$，下同；斜对角线粗体是变量 AVE 的算数平方根。

[①]　Zheng X M，Zhu W C，Zhao H X，et al. Employee well-being in organizations：Theoretical model，scale development，and cross-cultural validation[J]. Journal of Organizational Behavior，2015,36(5):621-644.

（四）假设检验

本研究使用 SPSS 26.0 软件,采用层级回归进行假设主效应与中介效应的检验,结果如表 3 所示。M1、M4 分别是基于控制变量对工作幸福感进行回归的基准模型,M2 是在 M1 基础上引入自变量包容型人才开发模式的模型,结果表明,包容型人才开发模式显著正向影响工作幸福感($\beta=0.729$, $p<0.001$),假设 H1 得到验证。M5 是在 M4 基础上引入自变量包容型人才开发模式的模型,结果表明,包容型人才开发模式对工作旺盛感有显著正向影响($\beta=0.682$, $p<0.001$)。M3 表明,在加入工作旺盛感为中介变量后,包容型人才开发模式对工作幸福感的回归系数降低($\beta=0.313$, $p>0.001$),且工作旺盛感对工作幸福感有显著正向影响($\beta=0.611$, $p<0.001$)。因此,工作旺盛感在包容型人才开发模式与工作幸福感之间起中介作用,假设 H2 得到验证。

表 3　主效应与中介效应检验结果

变量		工作幸福感			工作旺盛感			
		M1	M2	M3	M4	M5	M6	M7
控制变量	性别	0.001	−0.011	0.023	−0.046	−0.056	−0.049	−0.056
	学历	0.05	0.038	0.052	−0.012	−0.024	−0.042	−0.044
	月收入	−0.066	0.039	0.021	−0.069	0.029	−0.009	−0.013
	岗位	0.021	−0.004	−0.001	0.018	−0.005	−0.011	−0.011
自变量	包容型人才开发模式		0.729***	0.313***		0.682***	0.691***	0.691***
中介变量	工作旺盛感			0.611***				
调节变量	代际因素						0.042**	0.044**
交互项	包容型人才开发模式×代际因素							−0.065**
参数	R^2	0.012	0.45	0.624	0.01	0.457	0.467	0.478
	ΔR^2	0.012	0.438	0.174	0.01	0.447	0.01	0.011
	F	1.081	56.938***	95.787***	0.874	58.561***	50.746***	45.243***

本研究运用 SPSS 软件的分层次回归分析方法检验代际因素的调节效应,结果如表 3 所示。M6 是以工作旺盛感为因变量,在加入控制变量基础上,将包容型人才开发模式和代际因素引入回归方程的模型。M7 是在 M6 的基础上将包容型人才开发模式和代际因素进行中心化后构成交互项引入回归方程的模型。M7 表明,包容型人才开发模式与代际因素的交互项对工作旺盛感具有显著影响($\beta=-0.065$, $p<0.01$),证明了代际因素在包容型人才开发模式与工作旺盛感之间具有显著的调节

作用,假设 H3 得到验证。

采用简单斜率检验进一步分析代际因素对中介作用的调节效应,采用±1 个标准差的方法划分两个年龄组,分别为 75 前与 90 后,并对相关变量进行标准化处理。结果显示,对于 75 前员工来说,包容型人才开发模式与工作旺盛感之间的关系显著($\beta=0.621,p<0.001$);对于 90 后员工而言,两者之间的关系显著且效应增强($\beta=0.814,p<0.001$)。本研究绘制了代际差异在包容型人才反馈模式与工作旺盛感之间的调节效应图,结果见图 2,假设 H3 得到进一步验证。使用 Process 插件中的 Bootstrap 方法进行检验,结果表明,包容型人才开发模式影响工作幸福感的总效应值为 0.729,95%CI 为[0.638,0.825],包容型人才开发模式通过工作旺盛感到工作幸福感的中介效应值为 0.417,95%CI 为[0.329,0.514],不含 0,且中介效应占总效应的 57.2%,再次验证假设 H2。有调节的中介效应检验结果如表 4 所示,存在代际差异时,包容型人才开发模式通过工作旺盛感的中介作用对工作幸福感的间接效应在 95%CI,均不包括 0,表明间接效应显著。本研究进一步对调节变量在不同水平时中介效应的差异性进行检验,结果显示 95%CI 为[−0.067,−0.013],不包含 0,因此不同调节水平下的中介效应具有显著性差异,假设 H4 得到验证。

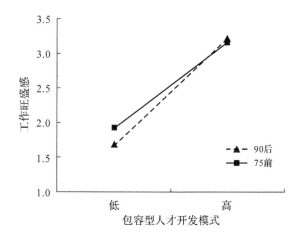

图 2　代际对包容型人才发展模式与工作旺盛感关系的调节效应

表 4　两代际下的中介效应

代际	效应值	标准误差	95%CI	
			上限	下限
均值	0.417	0.047	0.329	0.514
90 后	0.486	0.058	0.374	0.600
75 前	0.359	0.049	0.269	0.458
差异	−0.040	0.014	−0.067	−0.013

四、研究结论与讨论

(一)研究结论

本研究以情感实践理论为理论基础进行分析,认为包容型人才开发模式会通过组织的多元化团队建设、对成员的能力培养、体现公平共赢的措施等工作事件影响员工的工作体验和评价,引发成员的情感反应,进而影响员工的工作幸福感,并利用来自浙江、江苏和安徽等地的企业员工样本进行实证检验。研究结果如下:第一,包容型人才开发模式对工作幸福感具有正向影响;第二,包容型人才开发模式对工作旺盛感具有正向影响,工作旺盛感在包容型人才开发模式与工作幸福感之间起中介作用;第三,员工代际差异在包容型人才开发模式与工作旺盛感之间具有调节作用,代际差异也调节了工作旺盛感在包容型人才开发模式与工作幸福感间的中介效应。

(二)理论贡献

本研究发现,包容型人才开发模式对员工工作幸福感具有正向影响,并提供了实证支持,拓宽了包容型人才开发模式的研究领域。以往研究探讨组织管理与幸福感的关系时主要关注的是领导风格[1]、高绩效工作系统[2]等方面,较少关注包容型人才开发模式这一人才管理实践对工作幸福感的影响机制。本研究基于情感事件理论,提出并验证了以工作旺盛感为中介变量,代际为调节变量的包容型人才开发模式对员工工作幸福感的影响模型,丰富了包容型人才开发模式的研究范围并进行了实证检验。本研究基于我国情景,根据情感事件理论,指出包容型人才开发模式会通过组织对团队的多元化建设、对成员的能力培养、体现公平共赢的分配等工作事件影响员工的体验和评价,引发员工的情感反应,进而影响员工的工作幸福感。这部分回应了 Kaliannan 等[3]提出的目前包容型人才开发模式研究集中于英国、欧洲等发达国家而缺乏在发展中国家情境下的研究的观点,拓宽了包容型人才开发模式在我国的研究范围。

此外,研究发现,工作旺盛感在包容型人才开发模式与工作幸福感之间起中介

① Ashikali T,Groeneveld S,Kuipers B. The role of inclusive leadership in supporting an inclusive climate in diverse public sector teams[J]. Review of Public Personnel Administration,2021,41(3):497-519.

② Miao R,Cao Y. High-performance work system,work well-being,and employee creativity:Cross-level moderating role of transformational leadership[J]. International Journal of Environmental Research and Public Health,2019,16(9):1640.

③ Kaliannan M,Darmalinggam D,Dorasamy M,et al. Inclusive talent development as a key talent management approach:A systematic literature review[J]. Human Resource Management Review,2023,33(1):100926.

作用,拓展了工作旺盛感的相关研究,并揭示了包容型人才开发模式对工作幸福感的影响路径机制。一方面,有研究指出,感知组织支持①、组织公平②等管理方式会影响员工的工作旺盛感,但有关包容型人才开发模式对工作旺盛感影响的研究还相对较少。另一方面,虽已有研究证明包容型人才开发模式能正向影响员工工作幸福感③,但并未对其中的中介机制进行详细探讨和验证,导致对两者关系的研究还停留在较为浅显的层面,而本文的研究成果部分地解释了两者之间的关系及影响机制。包容型人才开发模式注重发挥员工的特长和优势,能强化员工的工作责任感和工作中的专注力,这种品质是工作旺盛感的直接促成因素。④ 工作特征和资源是培养和发展员工的基础和关键。工作旺盛感的社会嵌入模型⑤指出,工作特征和工作过程中个体享有的资源会通过个体的能动行为使个体产生旺盛感。包容型人才开发模式所主张的队伍多元化不仅能促使员工充分发挥自身优势、为团队注入新鲜力量,还会加强员工间的工作技能交流并使员工有更强烈的意愿进行知识共享。这种既相互支持又彼此信任的同事关系能促进员工学习和成长,使工作充满活力和旺盛感。⑥ 同时,活力和学习既是工作旺盛感的两大基本要素,也是个人主观幸福感的基石之一。丰富的学习体验能使员工时刻保持灵活的思维和求知的意愿,促进员工的主动学习行为,从而使其吸收更多的知识和技能。员工在工作中获得成长和进步能帮助员工实现职业发展,产生成就感和获得感,从而对工作产生积极评价并提升员工的工作幸福感。⑦ 当员工在工作中充满活力时,他们会更容易对工作中的挑战表现出强烈的兴趣和高昂的热情,并且更有信心去完成工作挑战。⑧ 这既能增加员工成功战胜挑战的可能性,也能使员工在工作中体验到更多的乐趣,促进工作幸福感

① Li X, Yang P. Facilitate or diminish? Mechanisms of perceived organizational support on employee experience of new generation employees[J]. Psychological Reports, 2023,19:00332941231183621.

② 赵宜萱,徐云飞.新生代员工与非新生代员工的幸福感差异研究——基于工作特征与员工幸福感模型的比较[J].管理世界,2016(6):178-179.

③ Kaliannan M, Darmalinggam D, Dorasamy M, et al. Inclusive talent development as a key talent management approach: A systematic literature review[J]. Human Resource Management Review, 2023, 33(1): 100926.

④ Huo M L, Jiang Z. Trait conscientiousness, thriving at work, career satisfaction and job satisfaction: Can supervisor support make a difference? [J]. Personality and Individual Differences, 2021, 183(6):111116.

⑤ Spreitzer G, Sutcliffe K, Dutton J, et al. A socially embedded model of thriving at work [J]. Organization Science, 2005,16(5):537-549.

⑥ Kleine A K, Rudolph C W, Zacher H. Thriving at work : A meta-analysis [J]. Journal of Organizational Behavior, 2019,40(9-10):973-999.

⑦ Zheng X M, Zhu W C, Zhao H X, et al. Employee well-being in organizations: Theoretical model, scale development, and cross-cultural validation[J]. Journal of Organizational Behavior, 2015,36(5): 621-644.

⑧ 刘玉新,朱楠,陈晨,等.员工何以蓬勃旺盛?影响工作旺盛感的组织情境与理论模型[J].心理科学进展,2019(12):2122-2132.

水平的提高。这也与 Kleine 等[1]的研究中指出的工作旺盛感不仅能降低员工的工作倦怠感,还会提高其工作满意度,有效阻止工作幸福感降低的观点相契合。

最后,本研究发现,员工代际因素对包容型人才开发模式与工作旺盛感之间的关系具有调节作用,代际因素也调节了工作旺盛感在包容型人才开发模式与工作幸福感之间的中介效应,厘清了包容型人才开发模式通过工作旺盛感影响工作幸福感这一机制的边界条件。李方君等[2]指出,员工在工作场所产生的积极情绪的强度具有年龄差异,不同代际年龄员工的成长经历和背景导致他们在价值观和内心需求上有所不同[3]。基于此,本文发现,员工代际因素对包容型人才开发模式与工作旺盛感之间的关系有调节作用,对包容型人才开发模式通过工作旺盛感影响工作幸福感的过程也有调节作用。本研究认为,老一辈的员工心态更加成熟稳重,不容易对工作环境表现出强烈的反应,更倾向于循序渐进地实现工作目标,更遵从权威,愿意保持自己已经适应的工作习惯,此时包容型人才开发模式通过工作旺盛感对工作幸福感的影响相对较弱;新生代员工更重视自主、公平和受尊重的工作环境,渴望发挥自身优势,并希望能快速地看到他们在学习或工作中所做的努力得到回报,这样,他们才能保持持续成长的动力,使得包容型人才开发模式通过工作旺盛感对工作幸福感的影响得到强化。随着老一代员工逐渐退出职场,确保组织的代际交替与传承已成为组织管理中的重要议题。在全球范围内,"人才争夺战"愈演愈烈,因此,培养和锻炼新一代员工成为企业可持续发展的不可或缺之策。包容型人才开发模式具备促进新员工组织认同感的管理机制,使其在组织中体验到满足感和幸福感,进而激发其对组织的忠诚度。包容型人才开发模式能引导年轻员工,为他们创造实现个人价值的机会,并包容其创新尝试和可能的失败。对员工创新和失败的冷静对待,可有效提升其工作幸福感,从而激发其工作动力,提高其组织忠诚度。在人才争夺战愈演愈烈的环境下,培养新一代员工以使其成为支柱型人才的任务呼唤引入包容型人才开发模式,以提升员工的工作幸福感,强化他们对组织的认同和忠诚[4]。这不仅对组织的长远发展形成重要影响,亦对员工的职业成长和目标实现具有积极意义。

[1] Kleine A K，Rudolph C W，Zacher H. Thriving at work : A meta-analysis [J]. Journal of Organizational Behavior，2019，40(9-10)：973-999.
[2] 李方君,王俊杰,陈泽英. 被妒忌感对员工积极情绪的影响:年龄的调节作用[J].心理科学,2020(4):891-897.
[3] Li X，Yang P. Facilitate or diminish? Mechanisms of perceived organizational support on employee experience of new generation employees[J]. Psychological Reports，2023，19：00332941231183621.
[4] Kaliannan M，Darmalinggam D，Dorasamy M，et al. Inclusive talent development as a key talent management approach：A systematic literature review[J]. Human Resource Management Review，2023，33(1)：100926.

（三）实践启示

第一，组织要采取包容型人才开发措施，提升员工工作幸福感。企业要善于通过日常工作、定期交流和绩效表现等发现人才的优势，并通过设计人岗匹配的工作来利用员工的优势；同时，建立公平的考核与激励机制，不因为员工的学历和背景等而歧视员工，使得员工认为能够在组织内部获得足够平等的发展机会和报酬。企业还可以招纳具有不同技能、不同出身的多样性人才或以组建多样化团队的方式来完成工作，建设多元化的人才队伍，提高员工的士气和幸福感。具体而言，企业可以根据员工的职业兴趣和潜力制订个性化的员工发展计划，定期评估计划的进展并进行调整，以确保员工的工作和任务与员工的成长目标相一致；建立导师制度，让有经验的员工指导和支持新员工，在帮助新员工获得职业能力成长的同时，为新员工提供归属感，让新员工更好地融入组织；鼓励跨部门交流，帮助员工培养综合能力，拓宽员工视野，并促进组织内知识的分享；引入360度反馈机制，让员工收到来自不同角色和层级的反馈，帮助员工全面了解自己在组织中的表现，以促进自身成长；采取弹性工作时间制度，帮助员工平衡工作与生活，以接纳多样化的员工；评估员工潜力，不仅考虑员工当前的工作表现，也评估员工的成长空间，依据员工的潜力进行培养；理性包容员工的失败，推动更多更有意义的创新。目前，我国企业激励员工的方式仍停留在用工资和奖金等手段，而较少利用人才培养和容错机制等方面的措施进行激励。[①] 然而，助力员工个人发展和建立公平的管理制度等非物质因素正是激励员工的关键手段。[②] 包容型人才开发模式作为一种工作特征，可以在一定程度上改善企业中的这些条件，进而提升员工工作幸福感。

第二，组织应当高度重视激发员工的工作旺盛感。在实际操作中，组织和领导者可以采取多种措施来实现这一目标。首先，为员工提供足够多的学习机会并帮助员工养成终身学习的习惯。通过外派组织成员学习，在帮助成员提升学习能力和养成学习习惯的同时也从组织外部引入新的观点和想法，从而培养组织成员积极的学习态度，进而推动其工作旺盛感的萌发。协助员工深入理解他们在组织中的角色及其重要性，为进一步体现自身在组织中的作用，就必须不断地学习。这不仅有助于提升员工的学习热情，也有助于让员工感受到工作的内在价值和意义，从而激发他们对工作的热情。此外，通过委派具有挑战性的任务，鼓励员工不断学习，不断超越自我，可以激发员工的内在工作动力和激情，提升其工作旺盛感。组织应当创造具

① 王思明.基于企业核心能力的企业员工激励机制研究[J].中国软科学.2021(S1):253-259.
② Kaliannan M，Darmalinggam D，Dorasamy M，et al. Inclusive talent development as a key talent management approach：A systematic literature review[J]. Human Resource Management Review，2023，33(1)：100926.

有挑战性的晋升机会,能够让员工感受到在组织中有持续发展的空间和机会。其次,积极支持员工的自主创新行为也是激发工作旺盛感的关键策略之一。鼓励员工提出新想法、尝试创新方法,并赋予他们更大的自主权,有助于激发他们的创造力和主动性,从而增强工作的活力和满足感。为帮助成员应对这些具有挑战性的工作和支持成员进行自主创新,组织应当为成员提供充足的工作资源,如为员工提供准确及时的市场信息、创新必备的设备和工具、良好的纵向和横向沟通渠道等,这能够使组织成员保持高涨的工作激情。最后,在促进员工工作旺盛感的过程中,建立良好的反馈机制也不可或缺。这种机制可以让员工在认识到自身能力不足以完成任务时,能够有合适的渠道进行反馈,同时也促进上下级之间的有效沟通和交流,进而有助于调整员工的工作状态和态度。

第三,依据代际差异设计合理的人才开发管理模式。研究表明,新生代员工对包容型人才开发模式更加敏感,新生代员工会更强烈地受到包容型人才开发模式的影响,因此组织中新生代员工的数量越多,越需要采取包容型人才开发模式。包容型人才开发模式是未来管理发展的趋势,越是面对复杂多变的环境,面对逐渐成为职场主力的新生代员工,越要采取包容型人才开发模式。① 新生代员工往往更重视工作体验和感知,如果组织不能塑造自由、平等、包容、创新的氛围,缺少多元化的交流和学习,新生代员工工作旺盛感将会受到冲击,进而给组织乃至企业长期发展带来消极影响。随着老一辈员工逐渐退出职场,越来越多的新生代员工会对职场氛围、领导风格和工作设计提出更高的要求。组织应当引入包容型人才开发模式以实现培养和成就员工的目的,尤其是针对新生代员工,组织要善于引导年轻一代员工,要给予员工更多实现自身价值的机会,理性包容他们的创新和失败,具体可以采用以下方法。在面对老一代员工时,必须对其经验和知识予以高度尊重和认可,这意味着赋予老员工合适的平台,以便他们可以分享丰富的经验。通过鼓励老员工担任导师的角色,将他们的宝贵经验传承给年轻一代,从而实现知识的代际传承。这种青黄相接的方式不仅有助于组织的稳定发展,还能够加强内部的协作和团队精神。同时,组织也应当为老员工创造稳定的工作环境和职业发展机会,确保老员工在工作中获得安全感和归属感。为老员工提供持续的职业发展机会,包括培训、学习和成长,有助于激发他们的工作热情,并且展现出组织对老员工价值的认可。在维持组织内部的和谐中,不可忽视晋升和奖励机制的重要性。这些机制必须建立在公平

---

① Kaliannan M, Darmalinggam D, Dorasamy M, et al. Inclusive talent development as a key talent management approach: A systematic literature review[J]. Human Resource Management Review, 2023, 33(1): 100926.

公正的基础之上,避免任何对新员工或老员工的偏袒现象。这将有助于消除内部的不满和不和睦情绪,促进新老员工之间的平等合作和共同发展。对于新生代员工而言,应当采取一系列有针对性的管理策略,以满足他们与众不同的期望和需求。组织可以采用扁平化的管理结构,为新员工创造更开放和包容的工作环境。通过赋予员工参与决策的机会,以及积极倾听和尊重新生代员工的意见和建议,可以激发他们的积极性和创造力。为了满足新生代员工对成长和发展的渴望,应当提供丰富的发展机会。这包括持续的培训、学习计划以及职业晋升通道的设立。通过这些机会,新员工可以不断提升自己的技能,实现个人价值,同时也体现组织对他们职业发展的关注。在工作方式方面,充分利用移动技术可以帮助满足新生代员工对高效和便捷工作方式的需求。通过简化烦琐的流程,利用数字化工具,以及提供灵活的远程工作选项,可以使新员工更好地平衡工作和生活,同时也提升工作效率和满意度。及时的反馈和认可是激发新生代员工工作动力的重要因素。新员工倾向于迅速获取信息和反馈,因此,提供及时的工作反馈以及适时的肯定,可以增强他们的投入感和满足感,进而促进他们更加积极地投入工作。总体而言,管理不同年龄的员工时,最重要的是理解并尊重他们的差异,并在该基础上提供满足其需求的工作环境和机会,采取包容型人才开发模式,充分调动不同年龄员工的优势,以提升员工工作幸福感。

(四)研究不足与展望

本研究也存在一些不足。首先,本研究采用的是横截面数据,使研究结果容易受到共同方法偏差的干扰①,为降低这种潜在偏差的影响,未来的研究可以考虑采用多时点发放问卷或准实验研究方法,以更全面地捕捉和验证研究变量之间的关系,增强研究结果的可信度。其次,本研究涵盖了多个企业员工类型,但没有针对不同行业、地区以及职能层级的员工进行进一步细致的研究。为了深入理解不同员工特征对工作旺盛感和工作幸福感关系的影响,未来可以更加精准地聚焦特定群体,开展差异化研究,从而增强研究结果的适用性和泛化性。最后,本研究采用了情感事件理论,发现工作旺盛感在包容型人才开发模式与工作幸福感之间具有中介作用,并考察了员工代际因素的调节作用。未来可以继续拓展研究视角,结合其他理论框架,如人力资本理论、社会交换理论和自我决定理论等,探索更多潜在的中介和调节变量,如心理安全感、心理授权和领导风格等,以全面了解这些因素对工作旺盛感和

---

① Podsakoff P M, Mackenzie S B, Lee J Y, et al. Common method biases in behavioral research : A critical review of the literature and recommended remedies[J]. Journal of Applied Psychology, 2003,88(5): 879-903.

工作幸福感的影响机制。

基金项目:国家社会科学基金项目(20BGL143)、浙江工业大学社会科学研究项目(SKY-ZX-20200121;SKY-ZX-20200308)、浙江工业大学社科赋能 26 县区专项(SKY-ZX-20210297)

作者:方阳春(浙江工业大学管理学院教授)、陈诺(浙江工业大学管理学院硕士研究生)、袁庆(浙江工业大学管理学院硕士研究生)、刘永华(浙江工业大学管理学院博士研究生)

人才队伍篇

切实为青年科技人才减负解忧
多措并举强化青年科技人才队伍建设

　　党的二十大报告指出,青年强,则国家强。全党要把青年工作作为战略性工作来抓。报告强调,要深入实施人才强国战略,加快建设国家战略人才力量,努力培养造就更多青年科技人才。近年来,世界正处于百年未有之大变局,新一轮科技革命和产业革命正加速演进,全球对科技人才的需求急速增加。加快建设规模宏大的青年科技人才队伍是我国取得科技创新与突破发展的关键所在,也是我国建设世界重要人才中心和创新高地的重要保障。近年来,我国青年科技人才队伍建设和人才发展体制机制改革成效显著,但也依然存在"担纲机会少、成长通道窄、生活压力大"等困境。如何深化改革为青年科技人才减负松绑,打造具有创新活力的青年科技人才队伍,是理论界和实务界共同关注的话题。在系统把握青年科技人才成长规律的基础上,笔者研究团队于2022年8月对全国87位青年科技人才展开访谈,深入了解青年科技人才发展困境和需求,提出了对青年科技人才精准施策和切实落地减负行动的对策建议。

一、青年科技人才的成长规律

　　青年时期是人才进行科技创新的黄金时期。创造峰值年龄理论提出,青年科技人才具有强烈的好奇心、旺盛的精力以及脑力优势,更能取得突破性创新成果。实践也表明:近2/3的诺贝尔自然科学奖获得者取得获奖成果的年龄低于45岁;23位"两弹一星功勋奖章"获得者中,当时年纪最大的只有49岁,最年轻的只有27岁;北斗卫星核心团队人员平均年龄36岁,"嫦娥团队""神舟团队"成员平均年龄33岁;

2022年获得第26届中国青年五四奖章的之江实验室智能超算研究中心团队成员平均年龄只有28岁。我国具有丰富的青年科技人力资源,《中国科技人力资源发展报告(2020)》显示,我国科技人才年轻化特点和趋势明显,39岁以下人群约占75%。在科学创造最佳年龄段激发广大青年科技人才创新活力、保障科研时间尤为重要。

青年时期的人才面临生存、发展、自我实现等多重需求。青年科技人才处于成家立业的起步阶段,也是学术生命周期的起步阶段。一方面,在高居住成本、高生活成本的压力下,住房保障、子女教育、薪资待遇等是青年人才刚性的生存需求。正视并切实解决青年科技人才的生存压力,对青年科技人才心无旁骛开展科学研究至关重要。另一方面,青年科技人才初入科研岗位,有职业发展追求和较大的成长动力。公平竞争、包容开放、鼓励创新的成长和职业发展环境有助于青年科技人才实现科研理想和自我价值。

青年时期是人才获得科研支持后边际产出最大的阶段。万事开头难,科学研究和科技创新也是如此。虽然处于科研起步期的青年科技人才有更活跃的思维和敢想敢干的创新精神,更易产出创新成果,但也最需要科研资金和创新资源的支持。大量研究表明,重要机会(例如重大科研项目、基金支持、国际学习交流等)和高成就导师的引领对青年科技的成才具有重要作用。也因此欧美发达国家大多专门为职业生涯早期的科研人员设置了事业发展基金,德国政府甚至专门设置了青年科研岗位和青年教授席位。实践证明,科研支持、创新资源及成长机会和通道对青年科技人才能否冒尖极为关键。

二、青年科技人才发展面临的困境

尽管科技部等五部委在2018年、2020年和2022年连续三次联合发文推动青年科技人才减负行动,但减负行动仍面临政策"最后一公里"落地难的问题。访谈发现,创新资源投入不均且马太效应依然存在,科研管理行政化趋势尚未被遏制,青年科技人才科研时间难以保障,亟须加大力度破解青年科技人才发展困境。

第一,科研管理行政化趋势难以遏制,人才科研时间难以保障。被访青年科技人才普遍反映,相较于其在国外三分之一时间做科研、三分之一时间学习提升、三分之一时间生活的"三三制",在国内除了科研时间,需要将大量时间用于非科研的行政性事务,平均每天用于科研的时间不到7小时,而睡眠时间更不到6小时。究其原因,一是科研经费管理"报销难""报销繁"依然存在。当前国内采用的仍是建立在不信任基础上的前端管理机制,"项目经费报销程序复杂,预算编制要求过细过严"成为诸多青年科技人才的心声。由团队成员或研究生兼职开展科研财务工作的居多，普遍存在财务助理配备不齐或作用发挥不到位的现象。二是在难以遏制的教育、科研管理行政化趋势下，各类非学术会议、检查评估等行政事务，以及项目申请、中期检查和结题等填表、文牍化管理工作大量挤占了科研时间。三是人才评价虽"破五唯"，但考核机制依然短视化。当前，各教育、科研单位在人才引进评价、职称评审中虽大力推进破除唯论文、唯奖项、唯头衔等评价标准，但新增指标（如政策采纳、发明专利）作为并行要求，全能型人才要求依然存在，且人才绩效考核周期短、考核频次多的体制机制尚未破除，诸多青年科技人才被引导到"短平快"上，难出代表性的创新成果。

第二，青年科技人才生存压力大，难以全身心投入科研。青年科技人才面临着高居住成本、高生活成本的压力，住房、子女教育、薪资待遇、家人就医等方面缺乏良好保障，较大的生存压力阻碍了青年人才潜心研究。当下科技人才薪酬仍然与头衔、论文数、项目数有关，处于科研起步期的青年科技人才往往没有积累优势，难以获得较高的收入，美好生活需求缺乏足够保障。《第四次全国科技工作者状况调查报告》指出，青年科技工作者的平均年收入低于 45 岁以上的科技工作者，超过三分之一的科技工作者认为经济收入是自身压力的主要来源。在最具创新激情和创造力的阶段，部分青年科技人才迫于生活压力，难以全身心投入科学研究，甚至放弃了科研事业。

第三，创新资源获取难，崭露头角机会少。一是创新资源分配机制仍存在马太效应。青年科技人才获得的担纲机会偏少，难以牵头承担科技计划项目是阻碍其成长发展的主要因素之一。尽管国家设置了各项计划支持青年科技人才潜心研究，但"僧多粥少"的局面仍在持续。在承担国家和省级科技计划重点研发项目的人才中，青年人才所占比例较低。资历尚浅的青年科技人才在进入科研领域之初，非常需要却很难获得稳定的经费支持，与资深人才同台竞争时往往不具备"积累效应"优势。部分课题在项目指南中对申报人员的职称、可申报领域、技术路线等进行限制，这在加大创新资源分配马太效应的同时，也扼杀了青年科技人才自由探索的好奇心。二是研究生、实验室、设备等资源不足。对于青年科技人才，尤其是高校青年科技人才来说，研究生名额的不足已严重限制了青年人才研究团队的搭建及独立开展研究的空间。大部分科研单位难以为青年科技人才提供充足的实验室设备资源，加之经费不足及国内对二手实验设备购买的限制，导致青年人才获取科研设备困难重重。

三、突破减负困境，给予青年科技人才更多科研保障

针对上述青年科技人才队伍建设中的难点堵点，有必要进一步压实主体责任，

重点关注青年科技人才的时间压力、生存压力和发展压力,多措并举打造青年科技人才生力军。

(一)遏制科研行政化趋势,聚力保障青年科技人才科研时间

第一,开展贯彻落实青年科研人员减负行动的督查行动。减负行动从 1.0 到 3.0,减负仍然在路上,究其原因是该上位政策并未得到下级单位的响应,该政策在用人主体的行为导向上被其他上位政策覆盖。亟须开展政策执行督查和政策执行审计,切实解决政策落地"最后一公里"难题。围绕五部委提出的"挑大梁、增机会、减考核、保时间、强身心"这五方面行动,督查高校、科研院所等用人单位的执行情况。科研项目申请实行双盲同行评审,减少青年科技人才在应酬性活动上消耗的时间。改变"填表格"式管理模式,精简科研项目申报、评审、结项、奖项评定全流程,采用一次报送制,切实解决表格多、检查多、重复填等突出问题。督查中央高校的基本科研业务费是否不低于 50% 地用于支持青年科研人员,有无在考核评价上建立分类化、长周期和灵活化的考核机制;是否引进和落实科研财务助理制度和财务助理共享机制,是否开发了科研助理岗位,为科研团队提供了专业化辅助服务。

第二,建立完善以信任为前提的科研经费管理机制。全面开展科研经费"包干制"试点,扩大科研经费包干制实施范围。探索建立科研人员自主合理使用经费承诺制,采取"负面清单+授权清单"的方式,落实青年科技人才科研经费使用自主权。企事业单位委托的横向课题科研经费由项目负责人自主决定使用,不设支出比例限制。延长资金使用时限,确保项目结余资金两年内可留归项目组。同时,运用大数据和人工智能技术,打通科研经费管理全流程,实现财务报销和经费管理的无纸化和智能化。

第三,建立科学合理的青年科技人才评价机制。借鉴美国、德国的经验,深化同行评价制度改革,注重评价工作成绩和发展潜力。充分考虑青年科技人才成长初期项目少、头衔少、资源少的情况,破除"唯论文、唯帽子、唯职称、唯学历、唯奖项"的评价标准,切实推进分类评价,避免"破五唯"后引进新型全能评价。根据青年科技人才从事研究领域及岗位特点,分类设置评价指标和评价周期,建立符合科研投入产出周期规律的长周期绩效评价体系,使青年科技人才能够安心科研。

(二)强化青年科技人才物质需求保障,缓解人才生存压力

第一,强化知识价值导向,建立创新成果和科研收益分配相衔接的人才激励机制。以青年科技人才基本生存需求为出发点,实施以岗位绩效工资为主体的薪酬激励制度和以实际贡献为主体的差异化福利制度,提高青年科技人才工资待遇。建立

与国际接轨的高层次人才年薪制、协议工资制和项目工资制等薪酬制度,提高从事基础研究等研发周期较长的科研工作人才的基础薪酬。实施青年科技领军人才个人所得税优惠政策,对其免征部分个人所得税。

第二,完善青年科技人才服务保障体系。加大对青年科技人才住房的统筹规划和重点保障,鼓励青年科技人才集中的单位建设人才住房。加大保障性租赁住房供给,探索发展共有产权住房,进一步完善货币化人才住房保障政策,形成系统的人才住房保障体系。支持高校和科研机构推进高水平中小学和附属幼儿园建设,对配偶在异地就业的优先统筹安排工作或发放一定年限的生活补助。借助信息化手段搭建青年科技人才线上服务平台,通过线上线下相结合,为青年科技人才提供落户、就业、城市融入等全方位服务保障。

(三)加大创新资源倾斜力度,缓解人才发展压力

第一,加大普惠性和稳定性支持力度,改变"赢者通吃"的局面。借鉴欧洲研究理事会的经验,设立多项资助基金专门支持研究职业发展初期的青年科技人才,根据申报总基数和申报人员结构,每年稳步扩大对青年科技人才的支持范围,加大支持力度。提高科研启动金,对新入职科研岗位的青年科技人才给予长期的非竞争性科研经费支持。鼓励实验室、技术创新中心、新型研发机构等单位作为联合资助方与各级基金委联合设立青年基金项目,择优支持青年人才。

第二,加大研究生、实验室、仪器设备等科研资源向青年科技人才的倾斜力度。取消青年教师申报硕士生导师、博士生导师资格的行政性限制,不以学历、资历作为申报门槛,重点评价科研方向和发展潜力。建立二手设备采购制度,逐步放开科研仪器采购自主权,允许科研人员购买合规二手设备。开展青年科技人才与资深科研工作者的结对帮扶,设立青年人才海外交流专项基金,鼓励青年人才参加国际会议、参与研究等。

基金项目:研究阐释党的十九届五中全会精神国家社科基金重大项目"构建激发人才创新活力的生态系统研究"(21ZDA015)、浙江省科技厅省软科学研究计划重点项目(2022C25057)

作者:陈丽君(浙江省人才发展研究院院长,浙江大学公共管理学院教授、博士生导师)、胡晓慧(浙江大学公共管理学院博士研究生)

柳暗如何花明：舟山市通过"多点发力"破解人才"出去一火车，回来一卡车"的现实困境

马克思认为，人是生产力中最活跃、最革命的因素。2021年9月，中央人才工作会议在北京召开，这是继中共中央、国务院2010年召开全国人才工作会议之后，在人才工作领域召开的最高规格会议，会议明确了新时期人才工作的指导思想、战略目标、重点任务及政策举措。中国发展需要世界人才的参与，中国发展也为世界人才提供机遇。必须实行更加积极、更加开放、更加有效的人才引进政策，用好全球创新资源，精准引进急需紧缺人才，形成具有吸引力和国际竞争力的人才制度体系，加快建设世界重要人才中心和创新高地。党的二十大报告提出，教育、科技、人才是全面建设社会主义现代化国家的基础性、战略性支撑。必须坚持科技是第一生产力、人才是第一资源、创新是第一动力，深入实施科教兴国战略、人才强国战略、创新驱动发展战略，开辟发展新领域新赛道，不断塑造发展新动能新优势。党的二十大报告将教育、科技、人才放在同一部分进行统筹部署，可见这三方面工作将是我国未来一段时间内的工作重点。

近几年来，在舟山市委的坚强领导下，舟山市人才发展顶层设计不断加强，党建工作和人才工作深度融合，形成自上而下的人才发展路线图，统筹推进人才队伍建设。各县区、各部门单位坚持"高端引领、整体开发"，党政人才、企业经营管理人才、专业技术人才、高技能人才、农村实用人才、社会工作人才队伍建设齐头并进，人才队伍结构日益完善。不同专业特长、不同职业岗位、不同能力水平的各方面人才各得其所、各展其长，源源不断的人才优势正在转化为舟山经济社会高质量发展的新优势。

但是与此同时，舟山作为一个海岛城市，如何在资源有限的前提下引进并留住

人才，破解人才"出去一火车，回来一卡车"的现实困境，始终是过去几年舟山市人才引进面临的一个主要课题。舟山人才引进面临的困境主要有这样几个方面：一是急需紧缺人才引进困难。由于舟山当前的经济发展水平与周边上海、杭州、宁波等地相比差距还比较大，能够给各类人才提供的待遇不高，再加上作为海岛地区受地理位置、交通便利等客观因素的制约，对外引进人才的难度非常大。二是引进的人才很难留住。由于过去对于人才的复杂需要理解不足，缺乏对于人才个人需要的动态关注和分析，缺乏从人才供给方，也就是人才本身的角度去全面了解人才在经济回报、生活环境、职业发展、社交情感等方面的核心需要，导致在人才引进的过程中，各类人才要么由于自身核心需要得不到满足而不愿前来，要么在来了之后发现自己看重的需要无法得到满足而再次离开，导致人才需求方和人才供给方无法实现真正的双赢。不少过去几年花重金、费大力引进的人才，仅在岗一两年时间就离开了舟山。三是引进人才的使用和开发存在困难。由于相对周边发达地区来说，舟山经济发展的总量相对较小，缺少国家及省重大工程或重点企业的支撑，缺乏研发、试验和创新平台以及相关工作岗位，一些引进来的人才无法得到与其能力和预期相适配的岗位，导致人才缺乏充分施展才能的空间和条件。此外，过去舟山在人才培养开发和能力提升方面缺乏完善的制度体系，人才引进政策大多呈现为随机性甚至运动式的人才引进，人才引进方式单一，没有构建具有长期可持续性的、制度化的人才引进政策体系，没有制订系统性的人才保留与使用计划，这也是留不住人才的一个重要原因。

梧高凤必至，花香蝶自来。人才引进是一项系统工程，从中国首个以海洋经济为主题的国家级新区到舟山江海联运服务中心，再到中国（浙江）自由贸易试验区舟山片区，舟山迫切需要将"战略叠加、海洋特色"优势转化为抢抓机遇、赶超发展的态势和胜势，其中"最大增量"就是全面激活人才引擎。近年来，舟山市从实际问题出发，始终坚持"做人才工作就是做经济工作、重招才引智就是重招商引资"的理念，突出人才强市、创新强市首位战略，像抓经济、抓项目一样抓人才工作，坚持系统思维，加强统筹协调、综合施策，紧扣发展所需做好人才引育，把制定实施务实管用、贴心温情的人才政策，作为集聚人才、吸引产业、服务企业的重要抓手，先后推出一系列有含金量、有影响力的人才政策和创新举措，通过短短几年的奋起直追，全面优化了"近悦远来"的人才生态。2022年，全市新引育"高精尖"人才135人，自主申报入选国家级人才工程11人，杰出青年科学基金项目申报入选实现"零的突破"。新引进大学生首次突破2万人，引进青年博士184人，引培高技能人才8700人，均创历史新高。2022年，舟山跻身中国人才引力指数榜25强、中国城市引力榜50强。

人才工作取得的突破和发展也推进了舟山经济社会的高质量发展。2022 年,浙江省考核的 14 项主要经济指标中,舟山有 7 项增速居全省第一。2022 年,全市实现地区生产总值 1951.3 亿元,增长 8.5%;海洋生产总值增长 10%;固定资产投资突破千亿元;规模以上工业增加值增长 21.0%;财政总收入增长 16.6%,一般公共预算收入增长 25.3%;规模以上工业企业研发费用增长 49.4%;外贸进出口增长 43.6%,出口增长 49.0%,进口增长 40.9%。自贸试验区建设成效明显。挂牌五周年形成 10 项"全国之最"的重大标志性改革成果。"一中心三基地一示范区"建设取得新突破,全国最大的浙石化炼化一体化项目全面投产,实现原油加工量 3702 万吨,产值 2297.8 亿元;油气储运规模达 3267 万吨;油气交易额突破 1200 亿元;实现海事服务总产出 410 亿元,保税燃料油加注量突破 600 万吨,跃居全球第五大加油港。新增制度创新成果 54 项,全国首创 22 项,9 项在全省复制推广。全市实际到位市外资金 666.32 亿元。新开工亿元以上产业项目 56 个,其中 10 亿元以上产业项目 14 个。

主要经验做法有以下几点。

第一,厚植产业土壤,打造产才融合强引擎。舟山作为国家海洋强国和浙江省海洋强省战略实施的桥头堡,推动海洋经济的跨越式发展一直是舟山的建设重点。如何加速石化新材料、海洋电子信息、海洋生物等海洋特色产业发展?推进海洋专业人才集聚,特别是吸引有一技之长的人才落户舟山,助推产业发展是舟山发展的关键之一。近几年来,舟山市充分发挥产业汇集人才的作用,重点围绕"十四五"规划和重特大产业项目建设,大力引进和培育一批创新创业人才,形成"人才跟着产业走、人才围绕产业转"的良好格局。针对石化新材料产业发展,围绕高端聚烯烃、工程塑料、高性能纤维、功能膜、电子化学品等方向,布局高端聚酯、降解塑料、特种橡胶、专用化学品、循环利用等石化中下游产业链,打造行业领先的石化新材料产业集群。推出具有舟山特色的 2.0 版人才新政,实施创业人才引进、创新人才集聚、技能人才倍增、科技企业家培优计划,打造错位竞争的政策优势。针对船舶制造等新型装备制造产业,瞄准大型、高端、深水、智能方向,发展浮式生产储卸装置、海工辅助船、深海养殖装备、无人智能船艇和水下机器人等海工装备产业,突出产业技能人才的引进和培养,引导和鼓励企业、高职院校订单培养人才,努力造就一支技术精湛的舟山工匠和卓越工程师队伍,建设国内领先的船舶、海工、能源装备制造基地。针对海洋食品、药品、保健品、化妆品等千亿级现代海洋渔业产业,积极对接海洋科研院所和高校引智用才,探索成立海洋渔业产业专家高质量发展库,与浙江海洋大学和浙大海洋学院等共建食品研发和检测中心,提升产业科技含量,加快发展海洋生物医药及功能制品产业,全力突破鱼油提炼、海藻生物萃取等核心技术,做大做强水产品精深加工。针对海洋感知装备、海洋信息系统、海洋电子制造，建设国家智慧海洋试点示范工程，培育发展海洋生命健康产业，聚焦"光芯屏端网"，加快推进船联网、深海空天信息感知等战略性新兴产业，出台产业链头部企业专项人才个性化扶持政策，精准引进掌握关键核心技术的领军人才和团队，以人才集群推动产业集聚。聚焦海洋5G通信、氢能开发储运、海洋工程装备等先进领域，舟山锚定国际电气与电子工程师协会（IEEE）、国际土木工程师协会（ASCE）等专家组织，举办20余场高规格学术交流会，效果凸显，一举引进国家级人才16人。支持引建一批助力产业发展、人才牵引建设的海洋特色产业人才平台，支持建设海洋生物中试基地和智慧海洋、远洋渔业、生命健康三大工程师协同创新中心，加大海洋产业紧缺型人才引育力度，打响海洋人才赛会"第一市"品牌。落实海洋领域雄鹰行动、单项冠军培育行动，招引培育海洋领域高新技术企业和"小巨人"企业，促进各类创新要素向涉海企业集聚。实施科技企业"双倍增"行动计划，引导科技型中小企业和传统企业向高新技术企业、高新技术企业向领军企业转型。支持企业牵头组建新型研发机构，构建龙头企业牵头、高校院所支撑、各创新主体相互协同的创新联合体。实施规上工业企业研发机构全覆盖行动，支持建设国家级科技企业孵化器和众创空间，培育高新技术产业集群。同时，建立全员招商和专业招商相结合的招商引资工作机制，实行招商引资和招才引智同部署、同推进、同考核。

第二，高水平建设新时代海洋特色人才港。为了抢得先机，2022年初，舟山市吹响了"加快打造新时代海洋特色人才港"的号角。《关于加快打造新时代海洋特色人才港的实施意见》（以下简称《实施意见》）应运而生。《实施意见》瞄准"海洋经济"，围绕自贸试验区建设，绘好产业地图、人才地图，精准发力、靶向攻坚，提出三个阶段性目标：到2025年海洋特色人才港建设在全国海洋城市中崭露头角，到2030年形成具有舟山辨识度的海洋特色人才港硬核板块，到2035年成为全球知名的海洋人才中心和创新高地。《实施意见》首次提出5个推进新时代海洋特色人才港的硬核工程，包括：海洋发展战略人才垒峰工程，围绕实体经济加大引育力度；海洋人才发展平台提能工程，建优建强海洋特色双创平台；海洋人才管理改革提速工程，深化人才评价、激励、管理等机制改革；海洋人才发展生态创优工程，营造重才爱才敬才浓厚氛围；海洋人才工作提质增效工程，健全党建统领、整体智治、高效协同新体系。《实施意见》聚焦产业需求、工作短板和人才期盼，借力国家海洋战略、沿海发达城市、在舟院校和央企等资源，凝聚吸引一大批优秀人才，打造各类独具海洋特色的人才发展平台。到2025年，要新引育"高精尖"人才、自贸紧缺人才、海洋工程师、千岛工匠、外国专家等各500名左右，新引进高校毕业生10万名；海洋人才赛会"第一市"打造、海洋人才管理改革试验区建设,以及东海实验室、人才科创飞地等平台发展取得突破性进展。

为了吸引更多"千里马"来舟山竞相奔腾,《实施意见》创新地拎出了干货满满的"黄金六条"——从垒人才高峰、重实体经济、引青年才俊、提平台能级、优赛会品牌和破双创瓶颈等方面出发,将为人才创新创业全生命周期奠定政策基础,力解舟山"人才饥渴"。支持实体经济引才育才是"黄金六条"中的最大亮点:聚焦实体经济特别是先进制造业发展,面向海内外招引高层次人才,择优打造领军团队,最高给予2亿元支持。这条政策既有助于舟山招引"鲲鹏行动"计划、领军型创新创业团队等顶尖人才团队,也有助于推动全市现代海洋产业迎来结构性变革。按亩均效益等地方综合贡献度确定企业目录,对目录内企业新引进的人才,可按1.5倍享受购房补贴、安家补贴政策;符合市高级人才(E类)以上层次的企业人才,其工资、薪金所得,可按超过15%部分税负差额给予个人经济贡献奖励。这条政策有利于促进优秀人才向高效益的实体企业集聚,助力海洋产业高质量发展。为了推进人才链、创新链与产业链深度融合,《实施意见》还提出了三条双创助力政策:对获得市级创业资助、省级基金、市场头部机构等投资的人才企业,可按实际到款额1:1直投,最长五年退出;探索创建海洋产业协同创新联盟,制定设施设备服务清单和价目清单,设立总规模为2000万元的共建共享基金;对高层次人才在舟山创办的企业,通过在舟山法定金融机构贷款融资的,可享受50%的贷款贴息,最长不超过三年。

作为中国(浙江)自由贸易试验区(简称浙江自贸区)最初版图,舟山铆足力气推进人才集聚,为浙江自贸区发展"加油打气"。在人才政策的推动下,浙江国际油气交易中心从上海期货交易所等知名机构引进10余名金融专家在舟山大展宏图,相继推出中国舟山低硫燃料油保税船供"买方报价""卖方报价""仓储综合价格"和"可用商业库容"等,构成中国舟山保税燃料油指数体系,使"舟山价格"市场影响力显著提升,助力舟山跃升为全球第五大加油港。聚焦油气全产业链这一自贸领域发展主线,舟山加快构建自贸人才评价新体系。自贸人才举荐制、自贸企业认定制等制度相继面世,舟山的自贸人才创新积极性被充分调动,进而助推2022年自贸区舟山片区取得10项"全国之最"重大改革成果。不仅如此,舟山还单列"舟创未来"海纳计划青年英才专项,将青年人才入选比例提高到50%,将市科技项目青年负责人比例提高到30%,大力支持青年人才挑大梁、当主角;通过与海洋十校合作、引才关口前移、实习实践预热、博士后工作站建设、青年人才预储模式接续发力,深入实施"舟创未来"海纳计划、大学生聚舟计划,引进国内外海洋领域顶尖人才和创新团队,培育海洋领域卓越工程师、高技能人才、优秀青年人才队伍,构筑青年人才集聚"强磁场"。2022 年,全市新引进青年博士同比翻番,引育"高精尖"人才同比增长 30%,新聘海洋特色产业工程师同比增长 25%,新引培高技能人才同比增长 16%。

第三,积极探索推进海洋人才管理改革试验区建设。体制新,人才聚;机制顺,活力增。只有不断深化人才发展体制机制改革,才能为育才、引才、聚才、用才打牢坚实的基础。根据中央人才工作会议要求,浙江省人才发展"十四五"规划明确提出,要建设一批人才管理改革试验区,赋予人才"引育留用管"等方面的充分自主权。为更好服务全市高层次人才,在选优配强市委人才办、组建人才发展集团的基础上,成立舟山市高层次人才服务中心,构建"市委人才办、市高层次人才服务中心、市人才发展集团"三位一体人才工作新格局。为破除引才枷锁,发挥编制资源对高层次人才的"磁吸效应",创新人才编制保障举措,以浙江省海洋经济创新发展院为载体,统筹建立高层次"人才编制池",保障重点领域高层次人才用编,解决高层次人才身份之忧。2022 年,舟山在全省试点的 14 个特色产业工程师协同创新中心中首创职称自主评审机制,向用人主体充分授权。围绕海洋电子信息产业,舟山将初、中级职称评审权向舟山智慧海洋产业工程师协同创新中心下放,已评出首批 30 余名初级、中级工程师。同时,积极打通智慧海洋领域从创新链到产业链的"最后一公里"。目前已累计聘任产业工程师 115 人,参与"揭榜挂帅"项目 81 项。为保障教育、卫生等民生领域高层次、高技能人才引进,设立特设岗位,不受岗位总量、最高等级和结构比例限制,并允许单位自主招聘高层次人才,灵活招才引才。同时,舟山市以新型研发机构为核心,建立以科技成果绩效为导向的市场化、社会化科研成果评价制度,目标建成世界重要海洋科技人才中心和创新高地。在 2021 年的中国浙江"舟创未来"海洋经济人才峰会上,舟山市专门邀请专家学者,通过线上线下相结合的模式,围绕"海洋人才管理改革试验区建设"建言献策。舟山打造海洋科研人才高地,促进海洋科技创新人才发展,需要建设舟山海洋人才管理改革试验区,聚天下英才而用之,激发人才创新活力。市委人才办与中国人事科学研究院的专家团队合作研究,起草《舟山市海洋人才管理改革试验区建设规划》。专家团队认为,舟山市海洋科创资源丰富,种类多样、特色鲜明的海洋产业以及群岛型的自然环境为科学技术提供了多元化的应用场景。舟山有必要以东海实验室等新型研发机构为依托,建成世界重要海洋科技人才中心和创新高地,在国家海洋科学人才雁阵中发挥领头雁作用,从而激发海洋人才效能、提升海洋创新动力,让大战略、大项目、大平台落地落实、发展壮大。海洋人才管理改革试验区如何建设?根据规划起草专家组意见,未来舟山将在深化人才发展体制机制改革、实施海洋人才重大工程、打造海洋人才优质生态环境等方面下功夫,并提出战略科学家领航、海洋创新梯队雁阵、海洋科技人才归舟、海洋科技关键项目攻关等工程。目前,依托东海实验室这一特色新型研发平台,开展海洋人才管理改革试验区建设,舟山已走在了全省乃至全国前列。下一步舟山将进一步明确实验室的定位、性质、运营模式等,打破传统方式,错位发展,在人才培养、支持、激励等方面进行创新。通过实施多元化的投入机制,建立更灵活的容错机制,充分释放人才活力,把创新活力转化为生产力。构建"企校政"协同培育体系,发挥在舟职业院校作用,试点打造舟山标志性产业技能生态圈,率先开展企业"新八级工"试点,健全高技能人才激励机制。

第四,做优做强招引平台扩容"人才圈"。2022年5月17日,备受瞩目的东海实验室揭牌成立。舟山市与浙江大学、自然资源部第二海洋研究所签订了合作共建东海实验室框架协议,标志着市、校、所三方进入更全面、更深入的合作阶段。东海实验室的成立,不仅使得舟山成为全省第一个拥有海洋科技领域省实验室的地市,而且拥有了一把能一步步为舟山打开"海洋发展之锁"的"金钥匙"。目前,东海实验室正在集中攻坚一批重大科研项目,加快推进高层次人才引进、创新团队组建等工作,并有序实施了三大领域路线图规划项目和13项预研项目。编制紧缺人才招引目录,发布50个海洋领域关键岗位高层次人才需求。为高水平建设东海实验室,舟山市进一步强化基础研究,打通产业转化通道,加速实现高精尖技术突破,加快建设绿色石化和新材料、微芯及区块链、海洋电子信息、海洋生物医药、航空装备制造等产业研究院,构建"一室多院"协同创新格局,积极争创国家重点实验室。预计到2026年,实验室将力争汇聚形成1000人左右的海洋高层次人才队伍,形成若干重大原创性成果。"成链成系"的海洋特色人才平台积蓄着澎湃的创新动能,为舟山海洋经济跨越发展提供了不竭动力。2021年底,海洋生物产业中试研发基地启用,为初创企业从研发到投产打造了一个"中间站"。目前,该基地已引进上海理工生命源团队等人才科技企业入驻。此外,近两年来浙江舟山人才创业园、"舟创未来"人才飞地深圳园区、"舟创未来"人才之家等一批"海字号"人才发展平台陆续正式启用。其中,浙江舟山人才创业园占地面积48.51亩(约合32340平方米),建筑面积近20000平方米,总投资2亿元,主要打造"试验基地+创业苗圃+产业园区"三位一体人才双创平台,并配套建成了国内一流的海洋生物产业中试研发基地。目前,浙江大学海洋学院人才科技合作、浙江工商大学研发机构入驻等7个重点项目已同步在峰会期间集中签约。此外,舟山坚持创新引才方式,通过建设人才飞地,开拓市外人才版图,扩容"人才圈"。"舟创未来"人才飞地深圳园区是舟山建成投运的第7个飞地园区,此前舟山已在沪杭甬打造了6个人才飞地,总面积达到10000平方米,已集聚82家人才企业、300余名人才。作为舟山在粤港澳大湾区布局建设的首个人才飞地平台，"舟创未来"人才飞地深圳园区将精准聚焦海洋产业，充分发挥"双招双引"的特色优势，按照"舟山特色＋大城支撑"融合发展模式，积极承接粤港澳大湾区溢出效应，持续为舟山导入优质的人才、项目资源，推动舟山海洋人才高质量集聚、海洋经济加速度发展。高校是人才培养、科技创新的重要平台。为了最大限度把人才优势、科技优势转化为发展优势，2022年，舟山与浙江海洋大学、浙江大学海洋学院签订了新一轮市校合作备忘录。聚焦海洋渔业、海洋电子信息等区域主导优势产业，尤其在舟山"一条鱼"产业创新技术攻关上，浙江大学海洋学院成功实现在智能养殖、冷链保鲜、精深加工及物流溯源等全产业链环节内6项自主研发成果的转化应用。开展各类技术服务300余家次，解决技术难题10余项，为企业增收效益数千万元。

第五，用心用情打造提升留才用才生态环境。政策，让人才"近悦远来"；服务，则让人才"宾至如归"。为了让人才从"流入"变"留下"，近年来，舟山市聚焦营造最优人才生态环境，开辟人才保健绿色通道，出台高层次人才子女就学优惠政策，高标准布局打造拎包入住的优质人才公寓，为广大人才解决就学、就医、就住等生活问题。聚焦提升高层次人才服务水平，以"舟山人才码"为依托，对于人才反映的急难愁盼问题，建立诉求帮办销号机制，构建从需求收集、流转到反馈的工作闭环，做到事事有回音、件件有着落，增强人才在舟山市的归属感、获得感和幸福感。聚焦完善人才荣誉体系，设立骏才奖、伯乐奖、友谊奖等，实施海洋领军人才高峰计划、"舟创未来"海纳计划、实体领域人才虹吸计划、海洋菁英人才强基计划，出台有力度的创新创业扶持政策，建立健全知识价值导向的分配机制，鼓励通过技术入股、项目激励、科研成果转化奖励等多重激励手段，激发人才创新创业热情。舟山还建成投用智慧型人才之家，为人才立体式搭建信息资源共享、创新创业服务、学习充电交流、生活服务保障等综合服务平台。在舟山人才公寓楼下，专门开设"国际化、品牌化、智能化"人才外文书店，不定期举行由翻译者协会发起的英文书籍分享活动。在首届"舟创未来"人才专享周上，为全面展示舟山引才的热忱，舟山四县（区）主要领导以"引才大使"的身份为之站台，不仅推介各地产业、平台、环境的优势特质，还联名面向全球发出海洋人才之约。在为期一周的人才专属专享活动中，共举行各类人才活动70余场，惠及各类人才5万余人，使来舟人才感受到了一座城市的最高礼遇。结合舟山数字化改革，舟山涌现出一大批富有舟山特色的数字化应用场景，特别是归集人才"引育留用"高频事项的"舟创未来"人才智岛系统，可以让人才在舟山"办事不出门、事事掌上办、安身更安心"。与此同时，舟山市还在浙江全省率先发布《"舟创未来"人才之家管理办法》，立体式打造人才之家雁阵格局，累计投用站点10个，服务各类人才10万余人次。同时，创新实施人才"关键小事"销号帮办机制，定制化开发人才房智能配租系统,开通舟杭人才直通车,开设"人才菜篮子""智汇食堂",等等,全面打造形成拴心留人、近悦远来的良好生态。此外,舟山市坚持"重点项目在哪里,人才服务保障到哪里"。面向企业,舟山创设"四进"人才保障工作法,有效促进人才政策进企业、专家智库进企业、创新成果进企业、服务专员进企业。城市引聚了人才,也成就了人才。在海平面下1000米,一款可完成停机坪"起飞"、"空中"悬停、原地360度旋转等技术动作的"水下直升机"从海底基站起飞,进行海底观测任务。这是浙江大学海洋学院陈鹰教授团队为突破深海探测关键技术而研发的重点科研设备。2022年,李宁博士带领团队研发了国内首台量产型纳米级压印设备,并成功实现在光电领域的产业化应用;在2022年度三农人物荣誉盛典晚会上,浙江海洋大学食品与药学学院邓尚贵教授荣获2022年度三农人物荣誉称号……在2022年发布的长三角地区城镇化水平排名和长三角中心区城乡居民收入差距分析中,舟山城镇化率达到72%,排名第12位,城乡居民收入比为1.63:1,居浙江省第2位。

有人才的城市才有未来。在新一轮城市竞逐中,对于人才的吸引成为比拼发展实力的关键一招。每一座怀揣雄心的城市,都对人才保持着强烈的"饥渴感",位于东海之滨的舟山也不例外。进入新发展阶段,舟山将以数字化改革为牵引,以夯实人才基本盘、抢占人才制高点为目标,打造海洋人才方阵,创建海洋高能平台,推进人才管理改革,营造人才最优生态,构建人才工作大格局,加快打造新时代海洋特色人才港。重点要在以下几个方面实现创新和突破。

第一,进一步加强人才引进的适配性研究。人才引进工作应重点考虑四个要素:本地的产业基础、本地的产业特色和需求、本地在全国范围内的定位,以及市场的客观需求。就是在开展人才引进时首先要对自身有明确的定位和认识:我们有什么?我们适合什么?我们需要什么?我们要做什么?在这个基础上,再决定"引入什么样的人才",而不是"什么样的人才都要"。此后再考虑"怎么引进""怎么留人"等问题。如此,才能更好地实现人才和地方的合作双赢,提高人才工作的实效,也更能助推地方经济社会的高质量发展。

第二,人才引进模式逐步向市场引导的方向转型。重新定位市委、市政府在人才引进工作中的角色,通过创新高层次人才服务方式、推进人才引进工作的市场化改革、完善人才引进服务等方面政策,建立符合人才引进发展趋势的市场引导的人才引进模式。探索开展机构引才、以才引才、项目引才、大赛引才等一批市场化引才方式。改变过去一味依靠地方党委、政府主导、政策驱动的人才工作方式,通过党委、政府、猎头机构、企业三方联合,借助市场这只"无形之手",让市场做主、给企业放权、为产业聚才。

第三,积极发挥企业人才开发主体作用。实践证明,企业重视人才开发,发展也会比较好。"十四五"时期,企业创新发展将处于更加突出的位置,只有充分发挥企业人才开发主体作用,实现人才引领的创新发展,企业才能在激烈的市场竞争中发展壮大。尤其是面对当前纷繁复杂的国际形势,海外人才引进将向"企业走在前台、政府退到后台"转变,必然需要我们更加突出企业人才开发的主体地位,按照国际通行规则和市场规则开发利用人才。市委、市政府要通过政策引导和机制创新,激发企业人才开发主体作用,破解当前企业人才开发中面临的现实问题,调动企业积极性,凝聚起人才开发合力。比如以企业地方综合贡献和履行社会责任情况为依据,给予企业一定数量的关键核心人才单列指标。建立企业关键核心人才清单化管理机制,给予人才持续关注,解决不同阶段的人才需求,帮助企业留才。推动龙头企业和单项冠军企业实施职称自主评价,对开展职称自主评价的企业,在政府奖项评选、综合要素保障等方面给予倾斜。

第四,进一步加大柔性人才引进的力度。坚持"不求为我所有,但求为我所用"的原则,积极探索实施特聘借用、候鸟聘任、挂职兼职、合作协同等"智囊团"式柔性的引才机制,为重点关键领域人才队伍注入"硬核"力量。发挥"人才智库"效能,推动高校院所科研平台、智力资源向舟山倾斜延伸,促进人才集聚和产业发展,政产学研用深度结合,助推人才结构和产业结构"双提升"。

第五,进一步发展人力资源服务业。人力资源服务业是实施人才强国战略和就业优先战略的重要载体,对于更好发挥人力资源优势、促进市场化就业、服务经济社会发展,具有重要意义。要坚持统筹谋划,进一步完善人力资源服务产业布局,坚持多措并举促进人力资源服务产业集聚,坚持优化服务提升人力资源服务产业效益,着力打造行业品牌,初步形成市场健全、业态完备、科技赋能的人力资源产业服务体系,为舟山建设高水平人才高地和高质量发展海洋经济提供强有力的支撑。

作者:张捷(舟山市人大常委会副主任)

临平区引进和集聚高层次人才路径研究

党的二十大报告指出,必须坚持科技是第一生产力、人才是第一资源、创新是第一动力。近年来,浙江深入实施人才强省、创新强省"首位战略",不断完善人才发展体制机制,加快建设世界重要人才中心和创新高地。作为省会城市,杭州坚定不移实施创新强市战略,努力争创综合性国家科学中心,全力构筑科技成果转移转化首选地,现有高层次人才总数持续递增、质量逐步提高,国家级、省级重点实验室等高能级平台数量逐步增加,国家级孵化器、众创空间等创新生态持续优化。但是放眼全国乃至全球,杭州高层次人才的数量是相对不足的,且《全球科技创新中心发展指数 2022》报告显示,杭州在科学研究全球引领力、产业变革全球驱动力、创新环境全球支撑力等指标上均未进入全球排名前 30 强。临平区作为杭州市最年轻的区,身处长三角圆心地,又位于杭州城西科创大走廊和城东制造大走廊发展的支点区域,以何为经济高质量发展贡献力量?答案在产业平台。而做强产业平台的主责主业,关键是走好"科产城人"融合发展道路。人才是创新发展的第一资源、核心要素,临平区要实现高质量发展,必须坚持以才兴产、以产聚才,促进人才集聚和产业发展同频共振;同时要持续优化人才发展生态,以城留才,让城市与人才双向奔赴,这样才能实现真正意义上的"科产城人"融合发展。

2023 年是"八八战略"实施二十周年,是杭州亚运会举办之年,也是临平区高水平建设"数智临平·品质城区"的关键之年。在此背景下,聚焦临平区产业特色,因地制宜研究优化高层次人才引进和集聚策略,为建设人才强区、推进经济高质量发展提供智力支持,既具紧迫性又具重要实践意义。

一、概念界定与学理研究

（一）创新生态系统理论

"创新"这一概念，最早由美籍奥地利学者约瑟夫·熊彼特于 1912 年在《经济发展理论》中提出，其将"创新"定义为把各类相关的生产要素以及发展条件等未知因素的"新组合"引入生产体系，从而建立一种新的生产函数，属于经济概念；并在之后的研究中不断丰富、完善"创新"相关理论，逐步形成广为人知的"熊彼特创新理论"。而创新生态系统是将生态学引入创新理论后形成的系统发展，强调在创新主体之间以及创新主体和创新环境之间逐步形成一种类似自然生态的复杂系统。

本研究通过借鉴创新生态系统的特征，探索构建以生态主体和生态环境为重点的人才发展生态系统。其中，生态主体主要指政府、企业、高校、科研院所、中介服务机构等；而生态环境主要包括经济环境、制度环境和社会文化环境。生态主体与生态环境之间互相依赖且互利共生，从而实现系统的良性运行。

（二）政策变现

人才竞争说到底是政策的较量。影响人才引入与集聚的变量因素离不开当地人才政策优势与"政策变现"能力。"政策变现"作为出现较晚的公共政策学概念，有别于"把非现金的资产和有价证券等换成现金"的经济学解释，关乎"政策目标在具体体制情境中的实现能力"。近年来，各地政府相继出台各项人才政策，在发放高额补贴、完善住房医疗教育保障、推进国际职业资格与职称有效衔接等方面加大力度，同时不断优化自然环境、社会环境等，从生态主体和生态环境两方面同时发力，推进人才的"引育用留"全链条发展。

作为省会城市，杭州相对较早启动人才国际化工作。自 2010 年开始，杭州就实施全球引才"521"计划，2012 年开始实施"115"引进国（境）外智力计划等国际人才引进计划。近年来，又陆续制定出台了《关于加快推进杭州人才国际化的实施意见》《关于大力实施海外优秀创业创新人才引进计划的意见》《关于杭州市高层次人才、创新创业人才及团队引进培养工作的若干意见》《关于印发杭州市留学人员创业园建设和服务规范（试行）的通知》《关于印发杭州市国际职业资格认定职称认可目录的通知》等政策，并提出了"全球聚才 10 条""开放育才 28 条"等，在人才招引、双创服务与资金支持等方面提供政策保障。相应地，临平区也出台了配套政策，并建立了"高层次人才基地""人才联盟"等，依托国际载体，以平台聚人才，打破壁垒，构建国际人才生态。

目前,学界关于高层次人才的政策研究主要集中在人才引进政策及实施效果评价方面,此外研究还聚焦人才流动和集聚的影响因素、人才引进存在的问题及对策研究等。

关于高层次人才引进政策及评价等方面的研究。Reiner 等[1]对维也纳、慕尼黑两个经济结构相似的欧洲发达城市的学术人才引进政策进行比较,发现两地的人才引进政策有很大的不同,提出人才引进政策制定者要考虑到住房、当地基础设施、环境气候等区位因素对国际学术人才的影响,要因地制宜制定人才引进政策;Green 和 Hogarth[2] 指出,英国为了适应产业调整和发展,对其人才移民政策进行了相应调整,亮点在于:第一,重视国内人才培养与大力吸引海外人才同步进行,把国内人才培养作为长久战略,并制定具有很强吸引力的海外人才战略;第二,通过与其他国家合作办学拓宽人才引进渠道;第三,政府将优秀人才评选计划交由行业协会、社会团体负责,使人才培养回归到以科学技术为本质,有利于创新和发展;张同全和石环环[3]基于政策的"投入—产出"探讨科技人才引进政策的实施效果,着重探索"经费投入"对科技人才满意度的影响机制;刘立焱和刘珈彤[4]认为,地方政府引进海外高层次人才的政策同质化现象较为严重,缺乏创新,且政策过于行政化、市场化程度较低;张群[5]以当前上海科技人才政策体系与人才发展需求的差距为落脚点,提出目前政府对人才流动、交流和评价的目标关注不够,需求型政策工具、信息支持和住房保障政策应用不足,重视外国人才而忽视本土人才的培养和激励等。

关于高层次人才引进存在的问题及对策的研究。龙晖[6]、高显扬和周尊艳[7]等学者指出,当前我国海外高层次人才引进处于数量"井喷式"和质量"缺结构"的双重状态,提出"精准化引才",提高政策的精准性与适配性;杨倩和吴丹妮[8]从人才数量不足、结构不合理、政策不创新、机制不健全、服务不到位等方面分析了当前地方政府

① Reiner C, Meyer S, Sardadvar S. Urban attraction policies for international academic talent: Munich and Vienna in comparison[J]. Cities, 2017, 61: 27-35.

② Green A, Hogarth T. Attracting the best talent in the context of migration policy changes: the case of the UK [J]. Journal of Ethnic and Migration Studies, 2017, 43(16): 2806-2824.

③ 张同全,石环环.科技园区创新人才开发政策实施效果评价——基于山东省 8 个科技园区的比较研究[J].中国行政管理,2017(6):85-89.

④ 刘立焱,刘珈彤.地方政府引进海外高层次人才的政策创新探究——以 H 市为例[J].西安文理学院学报(社会科学版),2020(3):98-100,112.

⑤ 张群.供需视角下上海科技人才政策评估[J].科技管理研究,2022(2):26-35.

⑥ 龙晖.海外科技人才引进的策略:精准化引才[J].重庆社会科学,2017(6):32-39.

⑦ 高显扬,周尊艳.我国高层次科技人才引进政策研究[J].合作经济与科技,2019(1):99-101.

⑧ 杨倩,吴丹妮.地方政府高层次人才引进问题研究[J].洛阳师范学院学报,2018(8):55-59.

在人才引进方面存在的问题,并认为这些问题的存在导致人才的作用不能得到充分的发挥;苏帆等[1]认为,在人才发展软环境方面,我国与发达国家相比还存在不小的差距,学术资源、科研资金等资源的分配有待更加科学合理。在对策研究方面,王辉耀和苗绿[2]提出要实施国际猎头战略,充分发挥猎头在日趋激烈的海外高层次人才竞争中的引才积极作用;张辉和赵琳[3]认为,在人才引进的过程中,地方政府应突出企业的带头作用,努力营造良好的人才引进政策环境。

二、临平区推进高层次人才引进、集聚的 SWOT 分析

(一)内部优势

一是区位优势。临平地处长三角圆心地,坐落于 G60 科创走廊和杭州城东智造大走廊的战略交会点,是杭州融沪桥头堡和杭州都市圈东北门户,境内交通网络发达。临平境内设有临平南高铁站;拥有 3 号、9 号、15 号、18 号等 4 条地铁路线;临平至萧山机场自驾 40 分钟可达,至上海虹桥站高铁 47 分钟可达;至杭州核心区交通实现半小时通勤圈。

二是经济优势。2022 年,临平区全区生产总值为 1006.7 亿元,位居全市第八位,但相比 2021 年名义增速达到 7.08%,增速仅次于滨江区,位居全市第二位。拥有国家级经济技术开发区和临平新城两大产业平台,规模以上工业企业达到 628 家;2023 年上半年全区累计实现规模工业增加值 201.88 亿元,其中高新技术产业、数字经济制造业分别实现增加值 159.73 亿元、19.30 亿元,分别增长 1.4%、9.9%,增幅分别高于全市 2.7 个、6.4 个百分点。

三是文化优势。临平城区西、北环绕着京杭大运河,东侧环绕着运河二通道,又具有临平山、超山、丁山湖湿地等天然的山水资源,涵养了临平"兼收并蓄、开放包容"的人文精神。2000 多年的"运河文化"和 1000 多年的"梅花文化、金石文化"与临平现代的时尚文化相融合,吸引了大批海内外人才来临平创业就业。

四是引才定位精准。临平区围绕打造临平高辨识度人才队伍,一方面,以未来智造工程师协同创新中心省级试点为载体,出台《关于打造具有临平高辨识度工程师人才队伍的实施意见》,率先推出"五钻"卓越工程师培育体系;另一方面,对接与临平产业高度匹配的院校,打造具有创新活力的青年人才队伍。

① 苏帆,龙云凤,陈杰.新形势下广东科技人才引进存在问题及对策研究[J].科技与创新,2021(19):28-30.
② 王辉耀,苗绿.国际猎头与人才战争[M].北京:机械工业出版社,2015.
③ 张辉,赵琳.我国地方政府高层次创新人才引进政策研究[J].企业改革与管理,2015(2):88.

(二)内部劣势

一是高能级创新载体缺乏。近年来,杭州积极布局"国家实验室＋国家大科学装置＋国家重点实验室＋省实验室"的新型实验室体系,而临平区目前相关布局较少。临平区的研发机构以企业为主,且级别大多为区级、市级,高能级的企业技术研发中心较少;双创孵化载体在数量上占全市的比重较低,国家级孵化载体的龙头作用有待进一步挖掘。

二是高品质公共服务供给与国际化引才适度不匹配。杭州自 2015 年提出建设国际化示范社区以来,截至 2022 年底,全市已先后形成了 84 个国际化社区示范点,但因与目前城市重大发展平台布局相错位,匹配度相对不足。目前,临平区的国际人员集聚程度不高,区内国际化社区、医疗、教育配套资源相对不足,在国际化引才背景下,应结合城芯 CBD 级未来社区建设提前布局规划,以提供更好的服务。

(三)外部机会

一是借力杭州亚运会提升城市能级。重大国际赛事和国际会展是触发城市国际影响力扩散的"引爆点",也是城市核心竞争力提升的"助推器";且杭州连续 12 年入选"外国专家眼中最具吸引力的中国城市"。临平区应抓住亚运会契机,推进赛后场馆利用转型。以"赛""会"提升城市品质建设,吸引更多的人才、企业落户临平。

二是借力长三角科创共同体建设。2022 年,《长三角科技创新共同体联合攻关合作机制》《三省一市共建长三角科技创新共同体行动方案(2022—2025 年)》《关于促进长三角科技创新券发展的实施意见》等政策文件相继出台,旨在全力推进长三角科技创新一体化,加快建成具有全球影响力的科技创新高地。临平应依托区位优势,积极融入长三角国家技术创新中心建设,吸引长三角国创中心在临平布局研发载体,以三省一市的资源优势弥补临平的短板。

三是借力杭州人才生态优势。《中国城市人才吸引力排名:2023》显示,杭州位列第五;杭州已连续 12 年入选"外国专家眼中最具吸引力的中国城市"。根据猎聘《2022 年杭州流入人才画像》,2022 年杭州跨城市人才前 10 位来源地中,上海和北京占比最高,分别为 18.36％和 8.92％,杭州反向虹吸北京、上海人才明显。临平区应抓住人才流动期机遇,出台相关政策和优势举措,精准引才。

(四)外部威胁

各地引才竞争激烈。目前,全球各国、国内各省份争相出台政策,不计成本地争夺高端科技创新人才;杭州市各区县围绕高层次人才、大学生招引,出台系列政策,涵盖购房补贴、租房补贴、出行保障、文化旅游、医疗保障等多方面,临平区在政策上并不占明显优势。

三、临平区高层次人才引进、集聚现状和主要成效

近年来,临平区坚持党管人才原则,以机制优化、流程再塑为牵引,以企业需求为导向,打造具有临平辨识度的人才队伍;持续优化人才发展环境,积极探索"人才＋"融合发展模式,推进人才、产业、科教等多要素聚合融合,以实际行动推动"八八战略"在人才工作中走深走实。

（一）"人才＋产业"紧密融合,跑出人才集聚加速度

聚焦数字经济、新制造、生命健康等重点产业,精准招引海内外高端工程师、生命科学领域领军人才、时尚设计产业先锋等高端创新人才,着力培养青年科技人才、卓越工程师和高技能人才,构筑具有临平辨识度的金字塔型人才结构。截至2023年7月,全区已集聚海内外高层次人才44名;集聚高水平工程师、高技能人才超10万名,年均增长近10%;集聚青年科技人才13万余名;2023年上半年,新增首次来临平青年大学生7600余人,增速全市第一。以产聚才,2023年上半年,临平实现地区生产总值483.98亿元,同比增长7.0%,增速高于省市平均水平。

（二）"人才＋平台"同频共振,构筑人才集聚多载体

聚焦国家级经济技术开发区、临平新城两大平台,以人才"引育用留"需求为导向,一是对接高端科创平台,如上海全球科创中心、张江科学城、城西科创大走廊等;二是做强创新平台,如工信部服务型制造研究院、中国服装科创研究院、浙江大学高端装备研究院等;三是做精特色小镇,如艺尚小镇、工业互联网小镇、算力小镇等;四是创建特色平台,如浙江杭州未来智造工程师协同创新中心、临平区生物医药协会等。以才兴产,截至2023年8月,临平已有国家级重点"小巨人"企业3家、国家级专精特新"小巨人"企业27家、省隐形冠军企业9家。

（三）"人才＋服务"同向发力,打造人才集聚"馨港湾"

聚焦优化人才发展生态环境目标,以服务人才创新创业全生命周期为导向,用情用心开展精准服务,推进以城留人。一是以数字赋能"临云人才生态系统""亲清在线"等,构建"一键式"全时段智治体系,打通人才服务的"最后一公里";二是以活动为媒,以"临里汇"、国际人才港、大运河科创城人才之家等创新创业服务综合体为载体,打造"一站式"便捷式、全方位、全要素人才服务矩阵;三是以政策激励为导向,推出"金才通"政策包、"临帮团"资源包、"春风行"服务包等,营造容错试错的宽容氛

围,构建一流人才发展生态。

四、临平区高层次人才引进、集聚存在的问题与挑战

(一)双创孵化载体有待进一步培育壮大

双创孵化载体是集聚人才、资本等创新创业资源的有效途径,也是推动科技创新的重要组成部分。如表1所示,截至2022年底,杭州全市累计建设市级以上科技企业孵化器(众创空间)513家,其中国家级孵化器(众创空间)150家、省级及以上孵化器(众创空间)283家,直接带动就业24万人;而临平区市级、省级、国家级孵化载体数量分别为22家、6家和3家,占全市比例分别为4.29%、2.12%、2.00%,总量居全市第8位,省级及以上孵化载体相对其他区而言数量较少。

表1 2022年杭州市双创孵化载体区域分布情况

序号	区域	市级及以上		省级及以上		国家级	
		数量/家	占比/%	数量/家	占比/%	数量/家	占比/%
1	滨江区	129	25.15	73	25.80	39	26.00
2	余杭区	78	15.20	45	15.90	31	20.67
3	西湖区	55	10.72	32	11.31	17	11.33
4	萧山区	54	10.53	33	11.66	10	6.67
5	钱塘区	53	10.33	36	12.72	14	9.33
6	拱墅区	41	7.99	18	6.36	11	7.33
7	上城区	38	7.41	23	8.13	15	10.00
8	临平区	22	4.29	6	2.12	3	2.00
	全市总计	513	100.00	283	100.00	150	100.00

数据来源:《2022年杭州市科技企业孵化器(众创空间)发展报告》。

(二)基础研究投入有待进一步加强

加强基础研究有利于集聚基础研究主体、高能级平台和基础研究人才。《2022年全球创新指数报告》显示,杭州在全球科技集群中的排名跃升至全球第14位。一是高能级平台集聚壮大。截至2023年5月,全市已形成了1个国家实验室、2个国家大科学装置、11个全国重点实验室、7个省实验室的高能级创新平台矩阵,而临平目前高能级创新平台缺乏,导致高端资源、一流科技领军人才集聚难。二是创新研发投入不断提升。2022年,杭州市规模以上工业企业研发费用为743.31亿元,同比增长12.3%,而临平虽然超过杭州市平均值,但位列各区县第五,相比位居第一的滨

江区还差 2% 左右。三是科技成果转化率不断提高。纵观杭州全市各区县,临平区在《专利合作条约》(PCT)国际专利申请量、有效发明专利拥有量等方面并不占优势,分别占全市总量的 3.95% 和 2.57%,且因高校、科研院所数量较少,专利申请主体多数为企业、个人和机关团体(见表 2);但比较 2021 年和 2022 年的数据可知,临平区在各项指标上都有所提高,万人发明专利拥有量从 2021 年的 20.70 件/万人上升至 26.87 件/万人(见表 3)。

表 2 2022 年杭州市及部分区专利授权量等统计数据

地区	PCT 国际专利申请量/件	有效发明专利拥有量/件	万人发明专利拥有量/(件/万人)	申请人类型/件				
				大专院校	科研院所	企业	机关团体	个人
杭州市	2305	122842	102.9	13271	2177	97585	2317	5845
西湖区	591	29482	270.67	4731	533	9428	426	1019
滨江区	676	31240	620.01	758	103	17656	68	423
上城区	35	5524	41.74	754	420	5679	535	820
拱墅区	88	13293	118.58	2428	237	5419	710	842
余杭区	394	9552	77.87	315	737	13290	82	657
临平区	91	3159	26.87	5	2	9704	100	292
萧山区	115	6485	32.24	327	23	13992	228	598
钱塘区	230	15324	199.23	3492	50	8480	25	336

数据来源:《浙江省市场监督管理局关于印发 2022 年全省专利授权量等统计数据的通知》。

表 3 临平区 2021 年、2022 年专利授权量等统计数据

年份	PCT 国际专利申请量/件	有效发明专利拥有量/件	万人发明专利拥有量/(件/万人)	申请人类型/件				
				大专院校	科研院所	企业	机关团体	个人
2021	86	2435	20.70	9	1	9842	114	388
2022	91	3159	26.87	5	2	9704	100	292

数据来源:《浙江省市场监督管理局关于印发 2021 年全省专利授权量等统计数据的通知》《浙江省市场监督管理局关于印发 2022 年全省专利授权量等统计数据的通知》。

(三)区级政策保障有待进一步优化

结合工作实际,临平区出台了《关于进一步打造人才活力强区的实施意见》《临平区海内外高层次人才创新创业项目扶持政策指导意见》、"人才新政 20 条"等系列文件、政策,其中《关于打造具有临平区高辨识度工程师人才队伍的实施意见》将"五钻工程师"评选与区级高层次人才分类认定挂钩,如"金钻工程师"将纳入区 C 类人才管理服务,得到工程师人才的一致认可。纵观其他政策内容,临平区的同质化现

象较为明显。如杭州各区(县)相继推出青年驿站享免费住宿政策,相比于免费对象和免费时长,临平区在政策上并不占优势;但临平区拥有首个亲才临驿站和浙江"青才来临"大学生就业创业联盟,若依托"青年驿站＋人才公寓"模式,建立具有临平辨识度的保障体系,将有效缓解区级人才住房保障难的问题。

(四)高品质公共服务供给有待进一步改善

全球化智库(CCG)发布的《全球人才流动趋势与发展报告(2022)》显示,人才投入和人才环境是影响人才流动的重要因素。杭州亚运会是吸引全球人才的重要契机,但临平乃至杭州在国际化公共服务供给方面仍存在短板。一是国际化的医疗、教育配套资源不足。截至 2023 年底,杭州市的国际化医院和外籍人士子女就读的国际学校主要分布在主城区,临平区暂无,目前临平区只有民办双语学校。二是高品质文化配套数量不足。杭州高品质的剧场、博物馆、展览馆、科技馆、图书馆等多集中在市区,各区分布较少,高品质公共文化配套供给有待改善。三是文旅圈与生活圈融合有待深化。追求便利性逐渐成为人才选择宜居环境的刚性需求之一,《2022 年度杭州文化和旅游大数据报告》显示,上城区、拱墅区、西湖区、滨江区等主城区文旅吸引物步行可达覆盖范围较广,分别为 50%、48%、34%、34%,文旅圈与生活圈深度交融;而临平区目前覆盖率只有 14%,有待深化。

五、临平区推进高层次人才引进、集聚的对策建议

(一)利用区位优势加强区域联动,全力打造"人才磁场"

一是以 TOD(以公共交通为导向的城市开发模式)为核心,打造集头部企业办公、潮流购物、商旅休闲、观景度假等于一体的杭州北站 TOD,同时联动杭州东站人才会客厅、西站余杭国际人力资源服务产业园,建成杭州具有高辨识度、全链条、高能级的科技人才集散与服务平台,通过打好平台引才、赛会引才、以才引才等"组合拳",虹吸长三角精英人才。二是以科学会议为平台,积极承接上海溢出资源。实施与江苏"嘉昆太协同创新核心圈"等地错位发展战略,借鉴"林道会议"经验,通过主动对接上海全球科创中心、张江科学城等高端科创载体,积极承接上海溢出的重要的科学会议,并辅以"科学早餐会""科学漫步""获奖者午餐会"等非正式交流,构建城市吸引科学人才的磁极,同时塑造科学共同体的磁场。三是探索跨区域联动发展模式,深度对接城西科创大走廊、钱塘科学城,在产业布局上实行错位发展,在教育、科技、人才等方面探索建立一体化共享机制,如共享实验仪器、共享样本数据、共享

科研人才、共享生产车间等。

（二）依托产业优势聚焦人才引领，着力打造"人才高地"

一是建立弹性引才路径，探索"一才用两地"的多向合作引才机制，在临平经济技术开发区设立引才联络中心，在海外、全国重点城市布局引才联络站，搭建"创业就业在临平"海内外高层次人才数据库，同时通过持续推进"揭榜挂帅"项目制，通过市场化的运作精准匹配国内外高层次人才的供给与临平产业发展需求，实现人才集聚与产业集群同频发展。二是加快"人才飞地"建设，选择部分高校院所、产业研究院或区域创新中心等作为试点单位，设立人才科技创新平台、离岸孵化创新基地等，建立人才"在发达国家做科研、在北京和上海等地高校搞讲学、在临平创业做法人代表"的机制，用好用活各类人才。三是打造具有临平辨识度的人才队伍，以制造业为基、以数字化为翼，在做强卓越工程师和青年人才两支队伍的基础上，加强与法国时尚学院、意大利时尚联合会等的合作与交流，擦亮"时尚工程师"人才金字招牌，并聚焦产业数字化转型需求，着力推进"数字技术＋X"复合型人才队伍建设。

（三）夯实平台基础，深化人才培育，聚力打造"人才洼地"

一是持续推进高能级创新平台建设，引导和支持有条件的高校、科研院所建立概念验证中心，引导孵化载体聚焦细分产业领域，尤其是引导现有的国家级、省级科技企业孵化器，建设"小而美、小而精、小而专、小而强"的专业孵化器，逐步健全"概念验证中心—众创空间—孵化器—加速器—专业化园区"全周期孵化链条，发挥专业园区的龙头示范、辐射服务作用，培育特色产业集聚。二是充分发挥企业主体作用，设立"诺贝尔奖"获得者工作站，持续深化"院士工作站"，加强与国际尖端实验室的交流合作，积极引进海外高层次研发团队，组建联合实验室，提升实验室国际竞争力，积极争取国际性学术论坛、人才赛会等永久性落户临平。三是联动国内九校联盟高校或上海知名高校推进产学研合作，联动下沙大学城实施好人才结构创优计划，鼓励龙头企业与学校合作建设行业学院，培养订单式应用型人才，做靓"临平工匠"人才品牌；抢抓海外人才流动窗口期，充分发挥国家级专精特新"小巨人"企业、隐形冠军等企业的优势，积极引进海外高层次科创人才，同时不断优化生态环境，完善服务配套，破除体制机制障碍，从而实现持久留才用才。

（四）优化人才服务，提质生态环境，努力打造"人才福地"

一是打造城市的"温度"。一方面，要完善人才工作生活配套"软环境"，除了公寓、运动空间等生活必需的配套，15分钟工作生活圈内还应多节点布局咖啡吧等非正式交流空间，布局夜经济，如酒吧街、美食街等休闲配套以及剧团、剧院等艺术配套,借鉴美国奥兰治县凭借浓厚的艺术氛围成为高科技产业集聚地、高知人群安居地的成功经验,增加片区的"潮趣味",吸引青年科创人才。另一方面,要为海外高层次人才及其家人解决后顾之忧。调研显示,大部分海外高层次人才不愿来杭的原因在于国际化社区、医院、学校等资源匮乏,建议临平借鉴欧洲核子研究中心(CERN)科学城的经验,为科学家们打造有良好家庭氛围的温暖社区。二是提升城市的"气度"。深入挖掘临平"名人、名寺、名建筑、名木古树、传统名优特产和民俗风俗"等"六名"资源,围绕"江南水乡,古韵临平"优化生态环境,打造系列文商旅融合产品,利用重大节庆、赛会等节点,以消费券形式让海内外人才在一段时间内享受优惠或免单消费,通过"试生活"方式感知临平的城市魅力;或聚焦"科技商务精英"群体,以发展会奖旅游的方式激发科技创新,传播城市品牌。三是彰显宽容失败、允许试错的"雅度"。借鉴西湖大学的办学理念,营造鼓励自由探索、强调原始创新、包容失败的科研氛围,引导支持人才潜心研究;同时,配套各项扶持政策,给予青年人才敢闯敢试的信心、勇气和力量。

基金项目:2023年度临平区社科联课题"城市国际化背景下临平区引进和集聚高层次人才研究"(Lpsk23C07)、2023年度杭州市哲学社会科学规划课题基地项目"城市国际化背景下杭州引进和集聚高层次科创人才研究"(2023JD27)

作者:韩巧燕[杭州国际城市学研究中心(浙江省城市治理研究中心)智库办副主任]

人才生态篇

营创理论：构造创新人才生态的一个新框架

相对于"营商"而言，"营创"还是一个不为人详知的新词。尽管如此，"营创"已经深根厚植于我国深入实施科教兴国战略、人才强国战略、创新驱动发展战略[①]，不断完善国家创新体系，形成具有全球竞争力的开放创新生态的实践过程中。在强化现代化建设人才支撑的时代背景下，一个新的知识体系——营创理论——呼之欲出。

早在党的十八大之前，我国就开始建立创新体系的基本框架，开始实施各种工程和战略，但侧重点主要还是在创新的量的增长和突破上。党的十八大以来，党中央深入推动实施创新驱动发展战略，提出加快建设创新型国家的战略任务，自主创新、开放创新、万众创新成为中国创新发展进化的新形态、新格局，着重点从创新本身提升到创新和国家高质量发展全局的关系和功能上[②]，从理念上解决了创新的地位问题，以实施科教兴国、人才强国、创新驱动发展三大战略去完善国家创新体系和建设世界科技强国，以营造良好人才创新生态来聚天下英才而用之。举国创新体制并不意味着国家成为创新的直接主体，创新的直接主体是创新人才、创新团队、创新组织等市场主体，国家只是举国创新的组织者、投入者、张榜者、治理者和创新生态环境的营造者。说得再明白一些，创新人才、创新团队、创新组织等是微观的营创者，国家是宏观的营创者，也就是说，都是营创的主要角色。当然，也离不开创新产品的亿万消费者，他们也是营创环境的重要参与者、支持者。这样，营创理论应现代化建设举国创新需求之运而生，我们有义务去培植它、创建它，有必要厘清它的概念、理念、格局与环境。

---

① 习近平. 高举中国特色社会主义伟大旗帜 为全面建设社会主义现代化国家而团结奋斗——在中国共产党第二十次全国代表大会上的报告[M]. 北京：人民出版社，2022：33.
② 赵永乐. 营造良好人才创新生态环境[J]. 中国人才，2021（9）：18-19.

一、概念:营创的逻辑意蕴

营创理论的基本概念是营创理论知识体系的逻辑起点,要构建营创理论的知识体系大厦,首先就要界定营创理论基本概念的意蕴。通过对营创理论知识体系的逻辑关系进行梳理和细分,可以将营创理论的基本概念认定为"创新""营创"和"营创环境"三个概念,它们实际上是三个层次的概念,其中"创新"是营创理论的基础概念,"营创"是营创理论的核心概念,"营创环境"是营创理论践行中的行为概念。

（一）创新的基本含义

"营创"的"创",在实际使用中经常是"创新""创造""创业""创意"等词的简称,如不加说明,通常指的是动词"创新",即创立或创造新事物的意思。

创新的学术理论概念起源可以追溯到美国经济学家熊彼特 1912 年出版的《经济发展概论》,熊彼特把创新看作是一种新的生产要素和生产条件的"新结合"而引入生产体系,既包括技术创新,也包括组织创新。随着 20 世纪中叶新技术革命的迅猛发展,厄特巴克、缪尔赛、弗里曼等众多学者从不同的角度深化研究,不断丰富创新理论。20 世纪 80 年代后期,我国学者傅家骥提出基于中国国情的技术创新理论,认为技术创新是一个包括科技、组织、商业和金融等一系列活动的综合过程。[①] 虽然一百多年来中外学者对创新研究的角度不同,仁者见仁,智者见智,但他们的目光都集中在生产活动或企业管理上,不是简单地将创新理解为一创即新,而是或多或少地将其看作是一个过程,这个过程已经带有一定的组织运作或经营色彩了。

党的二十大报告明确提出,"坚持创新在我国现代化建设全局中的核心地位"[②],是创新与我国现代化建设特征相适应的结果,也是全社会对"创新"不断加深认识以及"创新"在现代化建设中地位持续提升的结果。伴随着这两个结果,创新的基本属性从六个方面产生了新的特点。

一是本质属性——自主性。自主创新是我国建设创新型国家的战略方针,是推动经济增长的核心驱动力。只有坚持走中国特色自主创新道路,以关键共性技术、前沿引领技术、现代工程技术、颠覆性技术创新为突破口,努力实现关键核心技术自

---

① 傅家骥. 技术创新学[M]. 北京:清华大学出版社,1998.
② 习近平. 高举中国特色社会主义伟大旗帜　为全面建设社会主义现代化国家而团结奋斗——在中国共产党第二十次全国代表大会上的报告[M].北京:人民出版社,2022:35.

主可控，牢牢掌握创新主动权、发展主动权①，才能增强自主创新能力，使创新成为经济发展的主动力。二是功能属性——驱动性。创新是驱动发展的第一动力，创新驱动发展战略是国家发展的重大战略，驱动发展是创新的根本目的。这就需要以问题为导向，以需求为牵引，在载体、制度、政策、环境等方面形成合力，提升国家创新体系整体效能，实现创新驱动发展。三是主体属性——人才性。创新的根本载体是人才，人才是驱动发展的主体内因。创新团队和创新组织的组成呈梯次结构，处于基层的辅助人员未必都是人才，但由于其领军人或核心成员肯定是创新型的高层次人才，所以也具有人才性。四是实践属性——循环性。在新发展阶段，创新活动构建以国内大循环为主体、国内国际双循环相互促进的新发展格局②，推动创新系统的自由化、便利化发展，并使其嵌入社会大系统，积极参与国际创新的竞争与合作。五是价值属性——资本性。创新是一种具有动态驱动力的资本化生产要素，可以称为创新资本。创新过程本身就是投资的过程，经过经营或运作凝结成一种资本形态，并能带来远远高于投资成本的预期回报③。六是社会属性——开放性。后摩尔时代的创新出现无序化特征和技术研发的分散化、网络化导致创新形成新的社会属性，企业跨界交互传递价值呈现开放式创新生态系统，创新思维发生颠覆性变化，创新活动引领新的需求，企业创新能力在开放中不断提升。

（二）营创的基本含义

改革开放后，我国有了"营商"这一概念，近年来又出现了"营智"的概念，而使用"营创"一词的人不多。从词面上理解，所谓"营创"就是对创（创新）进行经营、运作和治理的意思。"营商"的客体是"商"，即市场；"营智"的客体是"智"，主要指人才；"营创"的客体是"创"，即创新。"营创"概念的出现，无疑为"营商"安装了驱动器，使"营智"焕发了创新活力，营创具有四个方面的属性。

一是具有市场属性。营创的市场属性亦即其资本经营属性。市场在营创过程中起决定性作用，经过营创能够创造和增加创新的资本价值，激发和提升各类创新主体的活力、效率和产出效益。二是具有循环属性。创新的循环属性决定了营创也具有循环属性，亦即是营创的社会再生产系统性。营创也有相应的生产、分配、流通、消费等环节，也要构建国内国际营创双循环发展格局。三是具有创新属性。营

① 习近平.在中国科学院第十九次院士大会、中国工程院第十四次院士大会上的讲话[EB/OL].(2018-05-28)[2022-06-02].http://www.gov.cn/xinwen/2018-05/28/content_5294322.htm.

② 深入学习坚决贯彻党的十九届五中全会精神 确保全面建设社会主义现代化国家开好局[N].人民日报.2021-01-12(1).

③ 赵永乐.营造良好人才创新生态环境[J].中国人才.2021(9):18-19.

创的创新属性是由客体要素创新决定的,这一属性也决定了营创在我国现代化建设全局中要居于核心地位,能够起到创新驱动发展的作用。四是具有引领属性。营创的引领属性是由创新的主体要素人才决定的,这一属性也决定了营创在包括营商在内的经济社会发展中具有引领高质量发展的战略地位。

现代化营创体系含有要素和格局两个构成系统。营创的要素系统主要包括营创的主客体、营创方式和营创环境。营创主体具有多元性,微观层面包括创新主体人才、团队、组织等,既是创新的内部经营和运作主体,也是营创的市场主体;宏观层面包括政府、市场和社会等,主要是营创的外部宏观调控和治理主体。营创客体就是创新,营创方式就是对创新的经营、运作和治理,营创环境将在下面具体阐释。营创的格局系统指的是由国内国际营创双循环组成的循环系统。

营创体系是现代化经济体系的重要组成部分,一方面和人才体系、教育体系、科技创新体系等关系密切、相互融合、交叉运行,另一方面本身就在营商体系、国民经济体系等更大外在体系中运行,是更大外在体系的有机组成部分。不管是哪一种关系,这些外在体系与营创体系都是休戚相关的体系链关系,或在供给侧形成供给关系,或在需求侧形成需求关系,或相互缠绕形成循环关系。这就要求营创体系在运转时必须充分顾及外在体系的实际情况,顺应发展、引领发展、驱动发展。

(三)营创环境的含义

营创环境是对创新进行具体经营和运作活动的生态环境,其活动的范畴一般是在市场经济条件下,营创的主体通常界定为市场主体。由此出发,对营创环境含义的理解应该是:对营创市场主体的生存和发展具有影响和制约作用的客观因素和条件。营创环境虽然包含自然环境和社会环境,但主要指的是社会环境。进一步确切地讲,主要指的是营创市场主体在市场经济活动中所受到制约的制度性环境,亦即涉及的体制机制性因素和条件。各种营创环境要素组合形成了营创的生态环境,在营创的生态环境中,最重要的就是由体制机制性的因素和条件组成的制度性生态环境。2018年5月,习近平总书记在两院院士大会上强调要营造良好创新环境。[①] 2021年5月,习近平总书记进一步强调要营造良好人才创新生态环境。[②] 而党的二十大报告进一步明确了"加强国际化科研环境建设,形成具有全球竞争力的开放创新生态"。

营创环境和营商环境既独立成系统,又相互融合、不可分割。营商环境可以没有营创环境,但这个营商环境是低层次的营商环境。高层次的营商环境必定含有营

① 习近平.在中国科学院第十九次院士大会、中国工程院第十四次院士大会上的讲话[N].人民日报,2018-05-29(2).
② 习近平.在中国科学院第二十次院士大会、中国工程院第十五次院士大会、中国科协第十次全国代表大会上的讲话[N].人民日报,2021-05-29(2).

创环境,这里的营创环境不仅是营商环境的有机组成部分,更是营商环境具有能动作用的核心环境,是政府、市场、社会共同构建的创新共同体的治理环境。从本质上看,营创活动也是一种营商活动,且是更高层次的营商活动,所以营创环境里也一定含有营商环境。这时,营商环境虽然也是营创环境的有机组成部分,但对这个营商环境的要求要远远高于一般的营商环境。所以,营创环境的能动性要求要远远高于营商环境,这是两者的最大区别。

根据营创体系的理论概念,营创环境具体可以分为营创要素环境和营创格局环境。营创要素环境主要指的是营创主体中市场主体和客体的环境,营创格局环境指的是国内国际营创双循环组成的循环系统环境以及各个循环环节涉及的具体环境因素,包括国内营创循环环境、国际营创循环环境以及营创的生产、分配、流通、消费等环节环境。除了营创的要素环境和格局环境,广义的营创环境还应包括营创体系面对外在体系所受条件约束形成的外在大环境。其实,营创体系面对的外在体系本身就是营创的大环境。没有外在的大环境,营创环境也不复单独存在。而没有营创体系,外在的大体系就只能在低层次徘徊运行,难以升级和发展。所以,一般的营创环境和外在体系的大环境是相互依存、共同发展的关系。

二、理念:营创的行动先导

营创理念是营创行动的先导,必须厘清营创理念的含义。营创理念要回答两个问题,一是营创要干什么,二是营创要怎样干。第一个问题其实要回答的是什么和为什么,第二个问题回答的是怎样实现。营创就是要营运创新,而不是创新本身。为什么要营创?现代创新的存在已不再是创新行为自身,而是对创新进行运营的结果。对市场主体的人才、团队和组织而言,创新是市场经营活动。对非市场主体国家、城市而言,创新也需要运作,要营造良好的创新生态环境。新发展阶段的营创怎样干?那就要对新发展阶段营创的目标、指导方针、主题主线、根本动力和发展格局等进行科学系统的顶层设计。

(一)营创理念的顶层设计与再定义

2021年1月,习近平总书记在省部级主要领导干部学习贯彻党的十九届五中全会精神专题研讨班开班式上指出,理念是行动的先导,一定的发展实践都是由一定的发展理念来引领的。[①] 发展理念是否对头,从根本上决定着发展成效乃至成败。新发展

---

① 深入学习坚决贯彻党的十九届五中全会精神 确保全面建设社会主义现代化国家开好局[N].人民日报,2021-01-12(1).

理念是一个系统的理论体系,回答了关于发展的目的、动力、方式、路径等一系列理论和实践问题,阐明了我们党关于发展的政治立场、价值导向、发展模式、发展道路等重大政治问题。[①]

营创理念是营创行动的先导,营创理念引领营创实践,有什么样的营创理念就有什么样的营创实践。营创理念是一个系统的理论体系,应该回答关于营创的目的、动力、方式、路径等一系列理论和实践问题,应该阐明关于营创的政治立场、价值导向、发展模式、发展道路等重大政治问题。营创理念是否对头,从根本上决定着营创成效乃至成败。当前我们要站在新的起点上,从全国的发展大局出发,做好新发展阶段营创的顶层设计,把营创新理念贯穿到营创全过程和各领域。营创理念的含义带来的不啻是一场涤旧的革新,营创理念冲击着社会上固有的传统思维、经营模式和发展理论,与营创有关的基本概念都必须重新再定义。

一要再定义的概念是创新。在经营或运作过程中,创新要从简单的"创立或创造新事物"的活动概念进化成为一种资本性的生产要素,在营创中居于核心地位。创新过程也是资本投资过程,创新要素经过资本的营创和运作能够形成一种全新形态的资本,不仅能带来数倍甚至更高倍于投资成本的预期回报,而且能带来远远高于其他类资本投资的收益。二要再定义的概念是人才。营创的主体属性是人才性,不管是个体、团队还是组织,本质都是人才。但是营创范畴内人才的本质属性已经不再只是知识和技能了,而是具有引领功能,应该以能够"创新驱动"为实质属性。三要再定义的概念是教育培养。营创中所说的教育培养应该具有马克思社会再生产理论和人才学人才再生产原理中的"生产""供给"含义,一方面要能为社会"生产""供给"大批的创新型人才,另一方面要将创新观念、创新知识、创新能力的培养摆在教育的首位。四要再定义的概念是引进使用。新发展阶段的引进主要是创新的引进、智力资本的引进,引进是内外营创循环的接口环节,是经营运作的一种手段方式,使用则是消费,而使用不一定要在引进后消费,也可以在外循环里消费。五要再定义的概念是治理。不管是对创新还是对人才,都要转变管理的理念,要变管理为治理,变管理为经营,这就是营创。

(二)营创的目标与方针

作为国家而言,2035年我国要基本实现现代化,科技实力大幅跃升,关键核心技术实现重大突破,进入创新型国家前列,建成教育强国、科技强国、人才强国,努力成

---

① 深入学习坚决贯彻党的十九届五中全会精神　确保全面建设社会主义现代化国家开好局[N].人民日报.2021-01-12(1).

为世界重要人才中心和创新高地。① 这就是新发展阶段我国营创的战略定位和发展目标。归纳起来，目标就是"一国家""三强国""两中心""一高地"，即进入"创新型国家"前列，建成"教育强国""科技强国"和"人才强国"，努力成为世界主要"科学中心"和世界重要"人才中心"，建设世界"创新高地"和"人才高地"。"十四五"期间，要深入实施科教兴国战略、人才强国战略、创新驱动发展战略，完善国家创新体系②，加快建设国家战略科技力量和国家战略人才力量。即通过"三战略""一体系""两力量"，为实现高质量发展的首要任务提供坚强的营创支撑。

新发展阶段营创的指导方针是"两地位""四尊重""三遵循"。"两地位"理念是营创的价值导向核心理念：一个"地位"是关于创新的地位，坚持创新在我国现代化建设全局中的核心地位，加快实现高水平科技自立自强③，要以科技创新催生新发展动能，依靠创新驱动的内涵型增长实现高质量发展；另一个"地位"是关于人才的地位，牢固确立人才引领驱动的战略地位。要将 2010 年发布的《国家中长期人才发展规划纲要（2010—2020 年）》中确立的"服务发展"方针进化到"引领发展"上来，奋力开拓人才引领驱动的战略局面。"四尊重"就是尊重劳动、尊重知识、尊重人才、尊重创造的方针。"三遵循"就是遵循社会主义市场经济规律、遵循人才成长规律、遵循科技创新规律。

（三）营创的主题与主线

加快构建新发展格局，推动高质量发展，以科技创新催生新发展动能，从根本上转变发展方式。依靠创新驱动发展，从规模发展向质量发展转变，从速度发展向效能发展转变，从粗放发展向精细发展转变，从外延发展向内涵发展转变。④ "十四五"期间，要以推动创新高质量发展为主题，高质量自主创新，高质量人才自主培养，高质量自主发展，畅通国内创新大循环。坚持教育在营创循环中的生产供给主要形式和渠道，坚持人才在营创循环中的驱动引领战略地位和创新在营创循环全局中的核心地位，推动科教兴国、人才强国和创新驱动发展三大战略一体循环、高质量循环。

构建新发展格局，要把扩大内需和深化供给侧结构性改革作为主线。针对我国人才供给侧和创新供给侧的短板，提高教育、科技、人才的黏合度，提升人才和创新供给的适配性，以高质量供给满足日益升级的国内市场的人才需求和创新需求。"十四五"期间，要打通营创再生产的国内大循环，通畅营创的生产、分配、流通、消费

① 党的十九大以来习近平总书记关于科技自立自强的新观点新阐述[J].政策瞭望.2022(11):35-39.
② 中共中央关于制定国民经济和社会发展第十四个五年规划和二〇三五年远景目标的建议[N].人民日报.2020-11-04(1).
③ 习近平.高举中国特色社会主义伟大旗帜　为全面建设社会主义现代化国家而团结奋斗——在中国共产党第二十次全国代表大会上的报告[M].北京:人民出版社,2022:35.
④ 赵永乐."十四五"人才发展的主题、主线、动力与格局[J].中国人才.2021(5):17-19.

等各环节。在生产环节深化营创供给侧的结构性改革,同时以创新驱动和高质量人才供给引领创造营创新需求,有机统筹营创的供给、需求两侧改革,形成需求牵引供给、供给创造需求的更高水平营创动态平衡。[①]

(四)营创的根本动力

"十四五"是改革创新的新阶段,必须守正创新,坚定不移地推进营创深层次改革,加快构建营创新发展格局,推动有效市场和有为政府更好结合,充分发挥市场在创新资源配置中的决定性作用,通过市场需求引导创新资源有效配置,形成推进科技创新的强大合力。[②] "十四五"时期,要推动营创体制机制更深层次改革,完善党中央对科技工作统一领导的体制,健全新型举国体制,强化国家战略科技力量,优化配置创新资源[③]。同时要加快转变政府职能,推动市场在创新资源配置和人才资源配置过程中起决定性作用,为营创主体充分授权,激发营创主体的市场创新能力和竞争活力。

三、格局:营创的路径选择

构建新发展格局最本质的特征是实现高水平的自立自强[④],要想在我国实现高水平的科技自立自强,关键在营创现代化。要选择我国营创现代化的正确路径,就必须从我国现代化建设和国际人才竞争的大背景出发,从战略的高度上为营创发展做好顶层设计和战略预设,坚持高质量发展,坚持中国化道路,形成现代化的营创发展新格局。要深刻认识营创发展格局的内涵和特征,探索营创发展格局的四大新功能和涵盖国内外创新再生产和人才再生产的营创双循环。

(一)营创发展格局的四大新功能

构建营创发展格局是应对新发展阶段机遇和挑战、贯彻新发展理念的重要战略选择,也是我国经济现代化实现的必然路径选择。至于要构建什么样的营创发展格局,不仅取决于营创的理念,也与营创发展格局的功能休戚相关。总的来说,营创发展格局应该具有循环、驱动、激活和全球开放共享四大新功能。

一是具有循环功能。营创发展格局首先应该具有国内外营创双循环的循环功能,能够使我国的营创内循环更加顺畅、更加系统、更加有效,国内国际营创双循环

① 习近平.加快构建新发展格局　把握未来发展主动权[J].求是,2023(8):4-8.
② 李仙娥、李志成.习近平关于科技创新重要论述的基本内容[J].党的文献.2022(4):43-50.
③ 习近平.高举中国特色社会主义伟大旗帜　为全面建设社会主义现代化国家而团结奋斗——在中国共产党第二十次全国代表大会上的报告[M].北京:人民出版社,2022:35.
④ 习近平.把握新发展阶段,贯彻新发展理念,构建新发展格局[J].求是,2021(9):4-18.

能够相互促进。强大的营创内循环是基本盘，没有高水平的自立自强的营创内循环，就失去了民族复兴的营创内基，国际循环就会受人掣肘；有了高水平的自立自强营创内循环，就有了参与国际合作和竞争的底气和优势。二是具有驱动功能。从创新的角度看，创新能够驱动发展；从人才的角度看，人才能够驱动创新。创新和人才两者的功能是一致的，营创发展格局应该具有引领驱动功能。营创循环系统能够引领驱动营商循环系统，也能够引领驱动经济循环系统。进入新发展阶段，正在形成壮大的新发展格局必须包含营创发展子格局，而且要充分发挥营创发展对整个大格局的引领驱动作用。三是具有激活功能。营创发展格局的激活功能主要是激活营创的市场主体，包括创新人才、创新团队和创新组织。要深化人才发展体制机制改革，充分激发创新人才、创新团队和创新组织的积极性、主动性和创造性。四是具有全球开放共享功能。构建具有全球开放共享功能的营创发展格局，要坚持全球视野、世界一流水平，集聚全球智慧资源、创新要素为我所用。构建强大的国内营创循环体系和稳固的基本盘，塑造参与国际合作和竞争的营创新优势，以国际营创循环提升国内营创循环的效率和水平，提高营创要素质量和配置水平，驱动我国经济高质量发展。

（二）畅通教育、科技、人才紧密结合的营创内循环

国内营创大循环的基础是国内的创新再生产和人才再生产[1]，畅通教育、科技、人才紧密结合的营创内循环是构建营创发展格局的关键。在国内营创大循环过程中，要突出教育、科技、人才三方面功能，一是突出教育的生产供给功能，二是突出人才的流通配置功能，三是突出科技、产业的消费需求功能，以我国日益增长的教育、人才和科技优势，强化国内营创大循环。只有畅通了营创的国内大循环，才能为实行更高水平的对外开放、促进营创的国际循环提供稳固的基本盘，为我国构建新发展格局提供驱动型的坚实动力支撑。

"十四五"时期，首先要高度重视和发挥教育的生产功能和供给功能，将教育有机纳入营创发展的新格局中，使教育在国内营创大循环中扮演好生产和供给的重要角色。全面贯彻为党育人、为国育才的教育方针，深化教育领域综合改革、加大教育资本投入、提高教育质量，加强教材建设和管理，完善学校管理和教育评价体系，健全学校家庭社会育人机制[2]，大力培养世界一流创新人才。其次要高度重视和发挥科技的消费使用功能和创新需求功能，将科技有机纳入国内营创大循环中，使科技也成为营创循环的重要环节和责任承担者。要深入推进科技体制改革，坚持创新在

① 吴江.建设高水平人才高地需要一流的"营创环境"[N].中国社会科学报，2022-12-21(7).
② 习近平.高举中国特色社会主义伟大旗帜 为全面建设社会主义现代化国家而团结奋斗——在中国共产党第二十次全国代表大会上的报告[M].北京：人民出版社，2022：34.

我国现代化建设全局中的核心地位,建设一支与大国地位相当、能够满足经济社会发展要求、世界一流水平的科技大军。[①] 最后要重视和发挥人才的主体功能和流通功能,推动科教兴国战略和人才强国战略更紧密结合,深化人才发展体制机制改革,全方位培养、引进、用好人才,造就更多国际一流的科技领军人才和创新团队,培养具有国际竞争力的青年科技人才后备军。[②]

(三)营创双循环相互促进

国际营创循环的基础是全球范围内的创新再生产和人才再生产。要立足国内循环,融入国际循环,以国内循环吸引全球的创新要素,聚天下英才而用之;同时也要走出去,在全球范围内实现营创的价值,把中国打造成为国际营创中心。近年来,我国的营创国际环境日趋恶化,科技竞争和人才竞争更加激烈,不得不转为以国内大循环为主体。但以国内大循环为主体,并不是要关闭国门放弃和隔断国际循环,而是必须构建强大的国内经济循环体系和稳固的基本盘,并以此形成对全球要素资源的强大吸引力、在激烈国际竞争中的强大竞争力、在全球资源配置中的强大推动力。既要持续深化商品、服务、资金、人才等要素流动型开放,又要稳步拓展规则、规制、管理、标准等制度型开放。要加强国内大循环在双循环中的主导作用,塑造我国参与国际合作和竞争新优势。"十四五"时期,要重构和畅通具有全球竞争力的国际营创大循环。一是要更高水平、更大力度地敞开国门,以强大的国内营创循环体系主导国内国际营创双循环,吸引全球的营创要素资源,使之为我所用。二是要建设更高水平的开放型营创新体制,依托我国人才资源庞大、营商营智环境利好等条件优势,积极参与国际营创的合作与竞争,参与构建全球营创治理体系,推动营创的国际化、自由化和便利化,构建面向全球的高标准自由贸易营创网络,增强营创对外综合竞争力。三是要构建具有全球竞争力的国内营创大循环生产环节优势和使用消费环节优势,以智力引进为突破口,高质量引进他国优秀人才,聚天下英才而用之。四是要积极参与国际营创规则和标准的制定,鼓励和支持营创主体走出国门,在国际大市场上营创。

四、环境:营创的制度性保障和治理

一个国家或地区的高质量发展和高水平对外开放不仅需要一流的营商环境,更需要打造一流的营创环境,营创环境建设是我国经济结构调整和国家新发展格局变

① 赵永乐.新时代人才发展的新阶段、新格局和新治理[J].中国人事科学,2022(1):53-60.
② 中共中央关于制定国民经济和社会发展第十四个五年规划和二〇三五年远景目标的建议[N].人民日报,2020-11-04(1).

化的必然选择。一流的营创环境不仅能为营创提供制度性保障，还能推进营创治理体系现代化和治理能力现代化。

（一）制度性环境：要素环境和格局环境

前文曾说明，营创环境指的是营创市场主体在市场经济活动中受到制约的制度性环境，亦即主要涉及的体制机制性因素和条件，具体可以分为营创要素环境和营创格局环境。

营创要素环境主要指的是营创市场主体和客体的环境。营创市场主体环境指的是营创市场主体在市场上运转的环境：个体创新人才的成长环境、创新团队的组合环境、创新组织的发展环境。营创市场客体环境指的是市场创新环境，包括个体创新人才、创新团队和创新组织的市场创新环境。由此不难看出，营创要素环境虽然可以分为主体环境和客体环境，但是主体环境和客体环境是不可分割的，因为营创的主体和客体本身就是不可分割的。同时也不难看出，不管是主体环境还是客体环境，虽然都包括宏观因素的成分，但还是微观因素占主导地位。因此，营创要素环境的建设一定要从制度上遵循市场经济规律、人才成长规律和科技创新规律。人才管理要符合科技创新规律，创新管理要符合人才成长规律，人才管理和创新管理都要遵循市场经济规律。

营创格局环境指的是国内国际营创双循环组成的循环系统环境以及各个循环环节涉及的具体环境因素，包括国内营创循环环境、国际营创循环环境以及营创的生产、分配、流通、消费等环节环境。所谓的营创格局环境就是这些环境的总和，是以宏观环境为主的环境。营创格局环境中最重要的环境是国内营创大循环环境，这是营创格局环境的主体环境和根基环境，主要受国内宏观营创制度的制约。良好的营创制度能够优化人才环境和创新环境，畅通国内营创大循环，促进国际营创大循环。国际营创循环环境虽然不是国内制度所能左右的，但是通过良好的国内营创环境和具有全球竞争力的人才和创新制度体系，可以影响、改变甚至重塑国际营创循环环境。归根到底，营创格局环境的优化与否，不管是内循环还是国际循环，都取决于制度环境的优化程度。所以，对营创格局进行系统的体制机制性因素和条件的顶层设计，形成优化的营创制度格局，是营创格局环境建设中的当务之急。

（二）营创环境的建设与原则

我国的营创环境建设要坚持以习近平新时代中国特色社会主义思想为指导，贯彻新发展理念，坚持创新在我国现代化建设全局中的核心地位，牢固确立人才引领驱动的战略地位，以营创市场主体需求为导向，以制度建设为重心，以改革创新为动力,加快建设现代化营创体系,推进国家营创环境治理体系和治理能力现代化,建设全球最优营创环境,打造世界主要科学中心、世界重要人才中心和创新高地。

加强营创环境建设,要坚持市场化、法治化、国际化、智能化四原则。一是要坚持市场化原则。营创环境建设要从政府推动模式向市场决定模式转换,重构市场功能,为营创主体授权,构建体现知识、技术等创新价值的收益分配机制,充分激发营创主体尤其是企业和人才个人的创新活力。二是要坚持法治化原则。全面推进依法治理营创环境建设,健全营创环境法治体系,加快形成完备的营创环境法律规范体系、高效的营创环境法治实施体系、严密的营创环境法治监督体系、有力的营创环境法治保障体系,切实保障各类营创主体、法人和其他组织的合法权益。三是要坚持国际化原则。加快推进营创环境制度型开放,推动建设更高水平开放型营创环境,更大范围、更宽领域、更深层次扩大营创环境对外开放,加大对外引智力度,聚天下英才而用之,构建与国际通行规则相衔接的营创环境制度体系和监管模式,增强国内和国际营创联动效应,真诚促进国际的营创合作,建设更高水平的开放型营创新体制,增强营创环境对外综合竞争力。四是要坚持智能化原则。营创环境建设要推进创新生态向智能化转型升级,主要依赖数据要素、智能基础设施要素和技术要素等支撑要素,建设内容涉及新型基础设施、智能化配套服务、智能化生活环境、智能化市场环境、智能化政务服务以及智能化社会治理。随着物联网、云计算、大数据、5G、人工智能等新兴信息技术的迅速发展、不断完善与广泛应用,可借助技术赋能营创环境,使其向智能化方向转化,进而实现创新生态的高质量、可持续发展。

(三)营创环境的治理

营创环境的治理,要以加强宏观治理、突出市场治理、完善社会治理为抓手,以实现治理体系和治理能力的现代化为目标,从制度层面为建设营创环境提供更为有力的保障和支撑。[①]

一是加强宏观调控。要坚持党对营创环境建设的全面领导,要提高把方向、谋大局、定政策、促改革的能力[②],深入实施科教兴国战略、人才强国战略、创新驱动发展战略,加快建设具有中国特色的社会主义营创环境,将党的领导落实到营创环境治理的全方位,构建具有全球竞争力的营创环境制度体系,并将其转化为营创环境的治理效能。政府要转变职能,更好发挥作用,在营创环境建设上完善经济调节、市

---

① 吴江.建设高水平人才高地需要一流的"营创环境"[N].中国社会科学报,2022-12-21(7).

② 赵永乐.新时代人才发展的新阶段、新格局和新治理[J].中国人事科学.2022(1):53-60.

场监管、社会管理、公共服务、生态环境保护等职能,实行政府权责清单制度,厘清政府和市场、政府和社会的关系。二是突出市场的决定性作用。要充分发挥市场在营创资源配置过程中的决定性作用,向营创主体充分放权授权,为人才松绑,把我国制度优势转化为人才优势、科技竞争优势[①]和营创环境优势。要充分发挥营创主体的积极性,使营创主体成为营创环境建设的主角,打通营创环境建设的"最后一公里",将营创环境建设主体责任落实到广大营创主体尤其是企业身上。三是构建社会治理共同体。营创环境建设涉及社会的方方面面,需要构建社会治理体系,形成园区、社区和教育培训、卫生健康、文化等机构对营创的管理和服务机制,发挥群团和各种社会组织的支持和保障作用,建设各类创新、人才类新型营创自治组织,承接政府转移的事务性社会服务职能,推动营创环境的社会治理和服务重心向基层和市场下移,夯实营创环境治理的社会基础。四是推进营创环境治理能力现代化。目前,营创环境治理问题的焦点主要表现在政府与市场在驱动创新中的角色定位、双循环发展格局下的创新动力、激发区位优势的创新活力和城市群间的协同创新等四个方面。这四个方面要形成有效的治理能力,这是实现营创环境治理体系和治理能力现代化的关键。

首先要明晰政府与市场的角色边界,两者通过协同形成驱动创新合力,提升创新体系效能,激发创新活力。其次要以科技创新为发展方向,以良好的创新生态和优质的人才资源打造创新动力,促进国内国际创新资源的合理配置和高效循环,营造相互促进、健康稳定的双循环格局。再次既要激发城市区位优势的创新活力,又要加强区域的梯次协同,改善区域营创环境,激发区域创新活力。最后要推动城市群政府间的协同创新,增强城市群的整体协同创新凝聚力。

基金项目:国家社会科学基金重大项目"构建具有全球竞争力的人才制度体系研究"(20ZDA107)

作者:赵永乐(河海大学中央人才工作协调小组国家人才理论研究基地首席专家,中国人才研究会原副会长,水利部人力资源研究院原副院长、教授、博士生导师)、吴江(浙江省人才发展研究院首席专家,西南交通大学党的组织建设与人才发展研究中心主任,中国人事科学研究院原院长)

发表期刊:《西南交通大学学报(社会科学版)》2023年第2期

---

① 习近平.深入实施新时代人才强国战略 加快建设世界重要人才中心和创新高地[J].求是,2021(24):4-15.

余姚专家产业园：
转变高层次人才集聚方式的有力尝试

余姚市委、市政府遵循习近平总书记的重要指示，坚持人才引领发展的战略地位，率先建设专家产业园，从根本上转变全面集聚人才的方式。余姚专家产业园力行人才集聚方式转变，开创人才引领发展的战略局面，将专家产业园建成人才共生发展的专家产业园。

一、专家产业园的兴起与动因

早在 2009 年，余姚市的主要领导和有关部门为抢抓海内外高层次人才投身创新创业热潮的机遇，开始酝酿建设一个"专家产业园"来集聚海内外的高层次专家。2012 年初，余姚正式启动专家产业园建设，专门成立了由市委书记任组长、市长任常务副组长的领导小组和由分管副市长任总指挥的建设指挥部，抽调精干力量组建了专业的招商引才团队。2013 年 5 月，专家产业园正式挂牌，被列入宁波"一城一园"战略的重要一极，同时也被列入省级海外高层次人才创新创业基地。专家产业园以"转型升级主平台、高端人才集聚地、科技企业孵化器、招商引智新亮点、体制创新先行区"为发展目标，按照孵化基地、中试基地和产业化基地"一园三基地"三位一体的建设思路，主要围绕新装备、新材料、新能源、电子信息、生物医疗等战略性新兴产业招才引智。专家产业园就此轰轰烈烈地建设起来。

（一）高层专家集聚方式的重大转变

余姚为什么要建设一个专家产业园？余姚要建设的专家产业园是一个什么样的产业园？余姚市委、市政府做出建设专家产业园重大决策的动机又何在？

2005 年，已经是全球 500 强霍尼韦尔公司日本生产基地总执行官、电子材料事业部大中华区总裁的姚力军辞去工作，带着多名海外博士、专家和 40 多个集装箱、一艘散货船的先进设备来到余姚。就这样，姚力军在余姚率先创业，注册成立了宁波江丰电子材料有限公司（以下简称江丰电子）。在余姚市委、市政府的全力支持和帮助下，姚力军以"超大规模集成电路制造用超高纯金属材料及溅射靶材核心技术"的创业取得了极大的成功，中国结束了溅射靶材完全依赖进口的历史，填补了国家的产业和技术空白。2022 年，江丰电子荣获"国家技术创新示范企业"称号。但回顾姚力军艰难曲折的创业过程和市委、市政府为江丰电子实行"一事一议"的政策，不由得令人深刻反思。

余姚市的领导和有关部门意识到，余姚要想集聚大批的海内外高层专家，必须从机制和平台做起，除了要有配套的得力政策，还要有为高层专家们量身打造的非常宜于创新创业的专家产业园。这个产业园必须打破传统的经济开发区概念，为集聚高层次的海内外专家而专门构建。产业园的体制机制必须灵活先进，集聚的产业必须是战略性新兴产业，孵化、中试、产业化必须一条龙，高层专家和各类人才必须共生发展，形成人才引领发展的新生态园区。专家产业园的建设意味着余姚高层次人才集聚方式发生根本性的转变：从以政府为主体转变为以专家产业园为主体，从专家单体引进转变为人才生态建设。余姚市委、市政府做出建设专家产业园重大决策的动机也就在于此。

（二）市委、市政府为产业园集聚专家引航护航

专家产业园成为高层次人才集聚的主体，市委、市政府是不是从此就不再管高层专家引进了呢？

事实告诉我们，余姚市委、市政府不是从此之后不再管了，而是更加重视了。不过这个"管"与过去的"管"不同，是依靠战略坚守、工作格局和配套政策为产业园集聚高层专家引航护航。余姚市历任领导对产业园高层专家集聚工作的重视程度一如既往，从始至终都在不断深入推动人才优先发展战略，重视人才，集聚人才，扶持人才，服务人才，感化人才。

余姚市委、市政府对专家产业园集聚高层专家的引航护航从两个方面展开。一是以工作格局引航护航。全市形成党委统一领导、组织部门牵头抓总、综合协调，有关部门积极参与、密切配合的人才工作格局，凝聚合力，既加强对产业园高层专家集聚工作的宏观管理，又积极主动参与产业园高层专家集聚工作的具体实践。二是以配套政策引航护航。余姚在 2010 年出台"1＋10"人才政策的基础上，2012 年专门出台了《关于建设人才特区打造人才高地的意见》，在浙江全省率先重磅推出"3 个 500万"的创业资金扶持政策。2017 年出台"余姚人才新政 25 条"。2018 年制定"姚江

英才计划"实施意见,进一步加大人才项目扶持力度(将 2012 年推出的"3 个 500 万"扶持资金升级为"4 个 500 万"),强化项目后续服务管理;同时还出台人才奖评选管理办法、"引才大使"管理办法、"阳明学者"制度等新政策配套细则 11 项,形成贯穿"引育用留"的闭环政策体系。此外,余姚还通过建立与欧美同学会·中国留学人员联谊会、国家专家联谊会等海外留学人员组织的合作机制,在美国、加拿大设立海外人才联络站,积极组团赴海外开展招才引智活动等方式为专家产业园拓宽海外引才渠道。

到 2023 年,余姚将"4 个 500 万"升级为"5 个 500 万":给予 500 万元扶持资金、500 万元种子资金、500 万元银行贷款额度市场报价利率(LPR)的全额贴息、500 万元股权投资和 500 万元发展奖励的支持。对掌握核心技术、同行公认度高、具有国际影响力的行业顶尖人才或有望入选省"鲲鹏行动"计划、甬江人才工程"鲲鹏人才"专项的人才领衔的重大产业化项目给予上述标准 2 倍,即"5 个 1000 万元"支持。对龙头企业引进的高端产业团队和省"鲲鹏行动"计划人才(团队)通过"一事一议"给予最高 1 亿元的项目支持。

(三)专家产业园为集聚专家创新引才方式

专家产业园的建立,从根本上改变了余姚高层次人才的集聚方式。余姚专家产业园牢固确立人才引领发展的战略地位,以海内外高层专家集聚主体的身份,创立了三种引才方式。

一是产业相关,精准引才。专家产业园依托产业园的产业链集聚人才,坚持"以产业链打造人才链,以产业集群催生人才集群"的理念,着力构建"人才＋项目"和"人才＋产业"等模式,充分发挥产业的人才吸附效应,注重围绕产业链有针对性地引进一批科技含量高、附加值高的高层专家项目,形成产业集聚人才和人才引领产业互动。比如专家产业园重视发挥宁波市智能制造产业研究院、浙江大学机器人研究院、宁波阳明工业技术研究院、东方机器人谷等平台的带动作用,使一批专家引旺一个产业,一个产业集聚一批专家。在后续的项目引进中,更加注重专家项目的成熟度,优先引入有风投、有团队、有市场的专家项目,使项目一落地就尽快有投资、有产出、有成效。

二是专家为主,以才引才。专家产业园坚持把园内的领军人才作为推动经济社会发展的核心资源,最大限度地发挥专家"以才引才"链式效应。以姚力军为例,通过他引荐和慕名而来的专家不知凡几,这些专家除了能感受到政府对其无微不至的关心和帮助,还能得到姚力军等创业前辈的指导和帮助,这在别的地区很少见。再比如甘中学在来余姚之初就带来数十家由国家级和省级专家创办的企业,后续也不断有高层专家前来咨询、落户，为余姚的人工智能发展助力。

三是用好平台，以会引才。专家产业园还充分利用中国机器人峰会、智能经济人才峰会、智能制造创业创新大赛等平台，吸引更多契合本地产业发展方向的"高精尖缺"专家落户，为本地经济社会发展寻求新的方向。专家产业园通过高标准办好"河姆智谷"国际人才科技洽谈会，积极承办国家有关协会、专家联谊会及有关专业委员会的各类年会、研讨论坛等高端人才活动，畅通与全球人才对接联系渠道，进一步扩大"以会引才"的影响。

二、专家产业园的专家集聚生态

截至 2018 年，余姚专家产业园已集聚国家级专家 65 人、省级专家 30 人，获评国家级留创园、侨梦苑（华侨华人创新创业集聚区）和省级海外高层次人才创业创新基地、省级科技企业孵化器等称号。产业园专家集聚虹吸效应显现。余姚作为一个县级市，没有央字号和省级的大学、科研院所和大型企业，却能在短时间内集聚将近百名国家级省级专家，获得众多的国家级、省级称号，毋庸置疑地得益于已经形成并将不断优化的专家集聚生态。

（一）人才工作新定位

专家产业园是一个什么样的园区？其人才工作又有什么样的新定位？

专家产业园是余姚市委、市政府为高层专家们量身打造的非常宜于创新创业的新生态专家产业园。这样的产业园，在人才工作上的定位就是双重客户，上要对市委、市政府的人才政策负责，下要为驻园的和有可能入园的专家、人才和人才企业服务。因此可以看出，专家产业园并不是政府人才政策的制定和决策部门，而只是这些政策的实施、落地、运作的执行者。专家产业园也不是政府人才政策的直接受益对象，在多数情况下专家产业园要将这些人才政策及时转送落实到驻园的和有可能入园的专家、人才和人才企业身上。同时，专家产业园还要能够及时将驻园的和有可能入园的专家、人才和人才企业的动态尤其是需求反馈到市委、市政府以及各相关职能部门，以求发现问题和解决问题。从这个意义上来说，专家产业园的实际功能就是"上通下达"和"下通上达"的导体，但是这个导体不是简单的"上通下达"和"下通上达"，而是要能理清和解决问题的"上通下达"和"下通上达"。

余姚市委、市政府与人才工作相关的职能部门不下 30 个，个个都与专家产业园直接相通，正所谓"千条线，万条线，条条都是园区针眼线"。专家产业园既然要为市各人才工作相关职能部门最终穿线针眼，就要在这个针眼里将这"千条线，万条线"

条条都理清了,条条都理顺了,该落实的落实,该反馈的反馈,该搭配的搭配,该放大的放大,使这些政策能够互相衔接、组合,发挥最大效用。这项工作做好了,市委、市政府的各职能部门也就成了专家产业园的职能部门,专家产业园运作起来就会得心应手。当然,市委、市政府以及各个职能部门也通过专家产业园的这个针眼对产业园内专家、人才和人才企业的动态和需求掌握到位,为出台更加开放、更加有效的人才政策和举措打下扎实可靠的基础。

不过在专家们的眼里,专家产业园的这个针眼却成了他们心中的"放大镜"。通过产业园的这个针眼,专家们对市委、市政府的人才政策和决策一清二楚,对市里各个职能部门的人才工作举措明明白白,对什么时候自己该干什么也能心中有数。即使有的专家因工作忙而无暇顾及这个"放大镜",产业园的工作人员也会及时给予通报和提醒。

(二)专家集聚新模式

余姚专家产业园的人才工作就是要把产业园建设成国内外知名的良好人才生态高地和非常宜于高层专家创新创业的专家产业园。专家产业园将人才工作的真情化作春雨,滋润专家们的心田,帮助专家们在余姚更好地创新创业。

专家产业园创造了先人一步的"人才+"工作模式,努力建设高层专家双创生态圈。在"人才+人才"方面,通过提升平台建设、专家推荐和分享自身创业经历,吸引、集聚相关产业人才来余姚创业。在"人才+会议"方面,借助中国机器人峰会暨智能经济人才峰会、姚商大会、塑博会等活动的影响力,持续加大专家产业园的引才力度,通过各种形式推动人才"链式集聚"。在"人才+平台"方面,专家产业园不断推进高标准平台建设,大力推进中意宁波生态园、机器人小镇等高端平台的建设。在"人才+资本"方面,专家产业园通过积极落实和牵线,把政府产业引导基金(政府出资+引进民营资本)投放给真正有需要的创业专家和初创企业,支持项目发展。

为缩短人才落户的时间,简化相关流程,专家产业园建立了人才项目快速评估落户机制。创新完善"三级联评"方式,实行网络评审、分类评审,规定评审时限等办法,进一步缩短评审时间,持续推行全程代办、陪办等模式,优化流程设计,形成科技人才项目快速评估机制。同时建立人才项目全程跟踪服务机制,在项目引进洽谈到注册落户阶段由项目引进人跟踪服务,在项目注册落户后根据需求为高层专家配备助创专员,为重点团队选配助创团队,实行助创工作"一对一"的"妈妈式"服务。

专家产业园对已经引进的创新创业专家加强服务保障,帮助人才企业尽快做大做强。在政策方面,产业园做到条条落实,向专家宣传推荐,帮助专家申报各项补助支持。在资金支持方面,除了帮助专家申领宁波、余姚本地的资金补助,还主动向专家介绍国家层面和省级层面的资金补助和项目申报，各部门通力合作帮助其申请申报，以缓解初创企业的资金压力。在国家级、省级和宁波的申报方面，专家产业园积极配合、组织做好答辩培训等服务工作，帮助专家适应创业环境，不断获得成长。

专家产业园成立了集展示、接待、洽谈、会议于一体的专家综合服务中心，集结了人才、科技、招商、经济开发区等相关职能部门工作人员进驻集中办公，为高层专家提供一站式的全方位服务。专家产业园曾成立破难小分队，以"大脚板走一线、小分队破难题"抓落实专项行动，为人才企业生产经营提供服务。人才落户、家属随迁、子女入学等，这些都无须专家烦心。针对那些尚未安家到余姚的专家，产业园还会帮助他们安排、入住人才公寓或者专门的高层专家小区，随时在线帮助专家解决生活方面的问题，使他们能全身心投入双创事业。

专家产业园要求园区的每一位干部职工都能不分工作职责内外地主动围绕着专家开展服务。在专家产业园初创时期，面对人才工作的巨大压力，每个人都要承担多项工作。当初的产业园人才办主任就承担了除驾驶员外的办公室、人事、后勤、招商等几乎所有工作，每天起早贪黑，忙得连水都没有时间喝，半年内没有休息一天。他们的"妈妈式服务"获得了专家们的高度赞扬。专家产业园还组织专家每年例行体检，推动试行专家看病优先等活动，为人才大开方便之门。

（三）人才共生新生态

党的十九大报告中就提出，要"培养造就一大批具有国际水平的战略科技人才、科技领军人才、青年科技人才和高水平创新团队"。从 2012 年专家产业园建设启动算起，余姚的专家产业园经过多年的艰苦奋斗，已经基本上建成了由"一批具有国际水平的战略科技人才、科技领军人才、青年科技人才和高水平创新团队"构成的人才群落丛林高地。这个人才群落丛林高地就是人才共生新生态的专家产业园。

专家产业园的人才共生新生态是怎么建起来的呢？

在 2005 年回国创业的姚力军的带领和影响下，一大批相关产业的专家带领自己的团队和项目陆续来到余姚创新创业，他们后来都落户在专家产业园。2013 年，由姚力军介绍引进的国家级专家畅志军创办的中科莱恩机器人公司作为第一家机器人公司入驻产业园。2014 年，甘中学、刘科、杨立友、潘今一等一批国家级专家，特别是甘中学领衔的智能机器人团队落户产业园，直接推动了机器人产业集群发展。专家产业园的开发建设呈现三大效应：一是磁场效应，集聚了一批高端人才。二是雪球效应，落户了一批高端项目。三是衍生效应，打造了一批高端载体，有国字号的留创园、侨梦苑，有智能机器人小镇，还有宁波智能制造产业研究院，并组建成立了浙江机器人产业集团。仅在 2018 年，入驻专家产业园的国家级专家和浙江省级专家就已经近百人,真是"一园引来百花香"。

这些高层专家携自己的团队和项目来到专家产业园,并不是一个孤立的现象,而是姚力军、甘中学等具有国际水平的战略科技人才产生的鲇鱼效应,高层专家"抱团互助""共同发展"。围绕产业发展,专家产业园不仅形成了由众多科技领军人才结成的专家群体,而且经过化学反应形成了若干个人才群落和若干条人才链。专家间各种形式的抱团发展(包括相互投资和入股)促成产业的形成和发展,而产业的蓬勃发展也使人才加速集聚逐渐呈现规模化态势,专家产业园形成了良好人才共生新生态。

余姚专家产业园的人才新生态主要表现为"才才共生""才企共生""才会共生"和"才产共生"等诸种形态。上面所讲的专家抱团发展,结成人才群落、人才链,即是"人才与人才共生"。专家们带着项目来到产业园创业发展,独自或相互参股创办高科技企业,即是"人才与企业共生"。在甘中学等专家的倡导和努力下,中国机器人峰会多次在余姚举行并永久落户余姚,余姚成立海外高层人才联谊会,举办专业的专家联谊会、专家余姚论坛、智能经济人才峰会、智能制造创业创新大赛等,不仅宣传了余姚的人才品牌,而且吸引了一批专家和人才来到产业园,即是"人才与会共生"。专家们创办的企业相连相通壮大形成相关产业,进一步又吸引产业链上下游的领军人才在产业园聚集并协同发展,即是"人才与产业共生"。不仅如此,各种共生还使产业园不断地内生和培养出新的青年专家和科技人才,使得产业园的人才共生新生态后继有人、生机勃勃。

现如今,余姚加快引进集聚海内外高层次创业创新人才和团队,大力培育、发展战略性新兴产业,奋力打造制造"最名邑"人才首选地,聚焦余姚经济社会高质量发展需要,面向海内外择优引进契合余姚产业发展方向、促进产业水平提升、引领产业发展的高层次人才和高端创业创新团队项目。专家产业园更加重视吸引契合产业园发展方向的"高精尖缺"专家抱团入驻,以此实现人才、项目、技术等关键要素的"捆绑引进",推动人才"链式集聚",形成更高端的人才共生新生态。

三、彰显引领发展的人才工作重大战略

余姚市委、市政府坚持人才引领发展的战略地位,余姚专家产业园也初步实现了人才引领发展的战略局面。高层专家的创业不仅创造了需求、企业和产业,而且带动了新兴产业发展,同时也带动了产业园的建设和发展。回顾专家产业园的高层专家集聚工作不难发现,不仅高层专家的创业大多取得了成功或进步,而且闯出了

人才引领发展的喜人局面。

（一）引领新兴产业发展

高层专家的集聚决定了产业的方向，而产业的发展又促进了人才的集聚。在专家们的艰苦创业和带领下，专家产业园着力打造的几大重点新兴产业已形成。

在半导体新材料产业的上下游以及横向相关产业，余姚已经集聚了上百名高层专家，涌现出一批高科技型企业，铜、铝、钛、钼、钽等靶材的整条产业链从无到有、从弱变强，在中国兴起，带动的就业岗位数量也不可估量。江丰电子生产的超高纯钛金属溅射靶材，被广泛用于智能手机、第二代身份证、信用卡的芯片材料。江丰生物的企业销售份额已占到中国市场的三分之一，在与外国品牌的同场竞争中优势不倒，为我国医疗设备行业争了一口气。创润新材料公司从落地的第三年就开始盈利，产品供不应求。这些都生动地诠释了"一个专家带来一个产业，一个专家群体带动一个产业集群"的理念要义。

在人工智能领域，甘中学带着他的机器人智能控制器系统落户产业园，并带来数十家由国家级和省级专家创办的企业，成立了宁波市智能制造产业研究院，不仅推动余姚的机器人技术取得突破性进展，推动机器人小镇的建设和发展，而且促进江浙沪周边地区机器人产业网络连接，打造一个强大的产业集群。国家级"侨梦苑"、国家级留创园所在的产业化基地，重点推进机器人特色小镇建设，定位以机器人关键部件研发制造为核心，以机器人应用和机器人旅游为延展，形成生产、生活、生态"三生融合"，产业、文化、旅游、社区"四位一体"新型发展的功能性平台。机器人小镇的提出和建设将助推专家产业园甚至余姚成为国内未来机器人产业集群核心的所在地。

（二）引领产业园建设

近年来，专家产业园建设工作不断取得新的进展，这与驻园专家的带动和引领密不可分。

首先是引领产业园平台不断发展。自 2015 年以来，宁波市智能制造产业研究院成立并落户产业园孵化基地，产业园创建成为国家级留学人员创业园，产业园创建成为全省首个国家级"侨梦苑"，浙江大学机器人研究院（余姚）成立并落户孵化基地，中意宁波生态园加速发展，机器人智谷小镇成功创建为省级第四批特色小镇，孵化基地建设投入运营……半导体新材料的培育和发展已经成为专家产业园人才引进的工作重点，而机器人产业的发展也不断突破新高度。产业园重点板块建设加快推进，发展空间进一步扩展。

其次是引领产业园品牌持续提升。通过不断"走出去"以及多渠道宣传,余姚专家产业园已在海内外高层次人才中具有较高的知名度。以专家产业园为主体,先后承办了由中国组织人事报社等单位主办的"人才驱动创新"研讨会、海创汇·创业特训班和北京海高会宁波(余姚)行等活动,向海内外的高层专家宣传推介余姚的引才政策和专家产业园。围绕产业发展,连续承办多届中国机器人峰会,将峰会打造成为集技术交流、人才引育、智资融合、产业落地于一体的高能级平台,具有较大影响力的专家创业人才盛会。智能经济人才峰会、智能制造创业创新大赛等平台也为专家产业园吸引了"高精尖缺"团队和项目的入驻。2018年,余姚专家产业园入选中国机器人十大产业园区。发挥海外高层次人才联谊会作用,促进其成为展示专家产业园形象、提升专家产业园影响的窗口。通过甘中学和姚力军的"牵线搭桥",成功举办了"千人创业"余姚论坛,邀请到几十位国家级专家出席论坛,为专家产业园未来发展建言献策,进一步提升了产业园在高层专家心目中的知名度。

(三)引领本土企业的发展

在重视战略性新兴产业发展的同时,专家产业园将专家们的新技术与当地本土企业相结合,不仅推动传统产业转型升级,扶持了一批小而精的民营企业发展,而且实现了高新技术与传统产业的零距离嫁接,加速了传统产业的高端化进程。

专家产业园积极牵线搭桥,促进了智能装备公司与余姚传统小家电进行合作,在全国打出了品牌,并承办了数届小家电博览会,带动了余姚当地的经济发展。

余姚锦隆电器利用国家级专家惠觅宙等人的8项发明专利技术,推出了蓝氧漱口水机、蓝氧多功能盥洗机、蓝氧超滤直饮水机、蓝氧空气净化机等系列终端产品。

国家级专家陈燕智与余姚宏硕模具合作成立了宁波普利达智能科技应用有限公司,致力于流水线自动化设备、柔性自动化生产线设备的研发和生产,公司仅投产一年半,产值就突破了3000万元,并成为美的、双林股份、得力文具等国内知名企业的合作伙伴,为他们提供机器人设备。

余姚工业创新转型的发展前景乐观,2022年创新百强县(市)排名跃居全国第三。全市规模以上工业企业研发费用达89.76亿元,比上年增长14.0%;新产品产值率达到40.5%。规模以上工业中,战略性新兴产业、高技术产业、新材料和人工智能等新兴产业增加值分别增长4.6%、7.0%、13.3%和4.3%。新增国家级"单项冠军"企业4家,累计达到10家;新增国家级专精特新"小巨人"企业13家,累计达到31家;新增"品字标"企业24家,累计达到58家;发布"浙江制造"标准6项,累计达到41项。高新技术产品出口111.18亿元,增长7.4%。全年全市实现技术交易额37.5亿元,增长66.7%;新认定高新技术企业199家,累计达到580家;新认定省科技领军企业 2 家,科技"小巨人"企业 4 家;新认定省级重点企业研究院 1 家、省级企业研究院 2 家、省级研发中心 18 家。全市累计拥有各级研发机构 860 家,其中国家级 3 家、省级 71 家、宁波级 190 家。

经过这些年的努力,专家产业园已成为余姚的一张"金名片",使得余姚的知名度和美誉度越来越高,在招商引资等方面也发挥了十分重要的作用。

四、启　示

余姚专家产业园的成功实践为余姚集聚了大批高层专家,引领余姚经济提质增效,推动战略性新兴产业蓬勃发展,为国内其他中小城市做好人才工作和产业转型也提供了很好的参照。

(一)文化浸润,知行合一

余姚历史悠久,作为阳明文化的发源地,具有深厚的文化底蕴。在数百年历史的浸润中,余姚人不断践行自己的文化并发扬光大,余姚的人才工作也是如此。

中国古代哲学家认为,不仅要认识("知"),尤其应当实践("行"),只有把"知"和"行"统一起来,才能称得上"善"。致良知,知行合一,是阳明文化的核心。人才不是引进来做摆设的,而是要为"我"所用,同时让其实现自身最大的价值。对人才来讲,所学能所用、所用即所学,可以理解为简单的"知行合一"。

对于余姚专家产业园来讲,知道人才有用,知道人才发挥其价值更有用,但如何集聚人才,如何使人才发挥效应,即为专家产业园追求的"知行合一"。为此,专家产业园在实践中不断探索,形成了一种具有引领和示范意义的人才工作模式。如高标平台的打造和提升、"人才＋"模式的不断丰富和改进,人才服务的热情、周到和细致,政策落实的高效有力、人才工作机制的不断创新、专为解决人才企业融资难而成立的宁波股权交易中心,甚至在人才工作中出现的"一事一议"和"特事特办"等种种行为的背后,反映的都是余姚人(也是专家产业园)对尊才、重才和服务、扶持人才的理解和实践,追求的是真正意义上的知行合一。

(二)转变方式,生态集聚

很多城市的人才集聚方式至今还是以政府为主体,引进的高层次人才也还是以单体为主,成本高、难度大,引进之后还可能出现再流失。很多地方都建有开发区和产业园,但是这些园区与人才集聚真的有多大关系?

余姚市率先建立专家产业园,宗旨很清晰,就是要打破传统的园区概念,通过专家产业园集聚大批的海内外高层专家,就是要为高层专家们量身打造适宜创新创业的专家产业园。余姚市委、市政府做出建设专家产业园的重大决策,意味着余姚高层次人才集聚方式发生根本性转变:从以政府为主体转变为以专家产业园为主体,从专家单体引进转变为人才生态建设。为此,产业园的体制机制必须灵活先进,集聚的产业必须是战略性新兴产业,孵化、中试、产业化必须一条龙,高层专家和各类人才必须共同发展,形成人才引领发展的新生态园区。余姚专家产业园担负此重任,没有辜负此重任,实现了高层次人才集聚方式的根本性转变,成为名副其实的专家产业园。目前,余姚专家产业园集聚的国家级、省级专家已近百名,这已足以彰显余姚产业园转变方式、生态集聚的优势所在了。

作者:赵永乐(河海大学中央人才工作协调小组国家人才理论研究基地首席专家,中国人才研究会原副会长,水利部人力资源研究院原副院长、教授、博士生导师)

精准扶持高层次人才创业企业
构建活力迸发的人才创业生态

为破解高层次人才创业企业融资难、引才难、扩容难等问题,2019 年以来,浙江省台州市路桥区不断深化高层次人才全生命周期精准扶持机制,研究制定《路桥区人才创业创新全生命周期"一件事"改革实施方案》《路桥区高层次人才创业企业精准供地实施办法》等政策,落实专线咨询、专网联络、专窗办理等"七专"服务,通过一企一策、精准扶持、长效跟进,及时高效纾解人才创业企业成长过程中的痛点、堵点、难点问题,全面助力高层次人才创业项目快速落地、加速运行、全速发展,为高层次人才心无旁骛创业营造宽松的环境。

一、主要做法

(一)"为凤筑巢",让创业者意气风发

"私人定制"厚植创业沃土。 持续深化区人才创业园、"一镇一平台"建设,同步推进标准化厂房建设和个性化厂房定制,满足高层次人才创业企业个性化需求,实现"拎包可入驻,入驻即投产"。如在区"500 精英计划"创业创新园定制挖掘"设备基坑",满足"耐高温耐腐蚀新型电极材料及铝电解技术无碳绿色升级"项目设备安装生产要求,推动国家级领军人才杨博士领衔企业入驻。

"精准破难"拓宽发展空间。 制定《路桥区高层次人才创业企业精准供地实施方案》,优先优惠保障高层次人才创业企业用地需求,把稀缺的资源留给珍贵的人才。如国家级领军人才童博士领衔的能伟机械有限公司因扩大生产需要建设用地,有关部门根据精准供地政策有效保障该人才创业企业 20 亩土地。

"借风使船"共享优质资源。 深化深圳、上海等一线城市飞地建设,充分借势人才、技术、创投等优质创业资源,弥补区域先天短板。如区内"高功率密度半导体器件及动力电池用功能性材料"项目,在上海松江高新产业园"飞地"创新中心孵化成熟后,成功"飞回"区内进行产业化。

（二）集中支撑,为创业者保驾护航

金融扶持纾解资金之困。 紧抓全国小微金融改革创新示范区主要实践地优势,在全省率先探索数字赋能初创期科技企业金融服务,推出"数融通"应用系统,归集15个部门上亿条数据,对初创期企业的科技属性、信用状况进行全方位"画像",成立政府性风投基金,企业融资获得率提高20个百分点,融资成本从8%降至5.5%以下。2023年以来,已为13家人才企业累计发放贷款2.37亿元。

揭榜挂帅突破技术瓶颈。 广泛征集高层次人才创业企业技术需求点、突破点,持续深化"揭榜挂帅"模式,分5批次发布技术项目56个,帮助38家企业通过项目合作、短期聘用等方式,解决"材料合金技术"等"卡脖子"难题42个。

精准服务扫清发展障碍。 优化高层次人才创业政策,推出人才新政2.0版,建立"七专"联动服务机制,专人盯引跟进高层次人才创业企业发展需求和运行动态,为企业发展清障碍、平道路。如在"浙里办"应用中设置"路桥人才码"接口,按照"谁引进、谁负责,谁跟踪、谁服务"原则,为每个高层次人才创业企业落实专人沟通对接、专员负责跟进。

（三）"磁场拢聚",助创业者群英荟萃

"以赛引才"形成磁极效应。连续多年承办台州国际人才合作洽谈大会、举办中国·路桥高端智能装备全球创业创新大赛,累计吸引海内外院士12人,引进高端以上人才项目43个,形成人才集聚、集聚人才的"创业磁场"。

"双向联动"匹配人才资源。依托区人才信息管理系统,动态监测人才流动情况、分析存量人才结构,组织高层次人才创业企业领衔人和人力资源公司负责人,当面对接、现场落实,精准高效解决企业"智力需求"。推行"招生即招工、入校即入职"的新型学徒制,联合职业技术学校开展校企合作,为人才企业定岗定向培育输送实用型技能人才269人。

"最美风景"集聚最强大脑。注重"引才"硬条件和"留才"软环境同步提升,大力推进高层次人才创业圈建设,营造良好的创业氛围。如在台州城市绿心核心区块谋划建设环飞龙湖科创生态圈,引进陈十一院士团队等"最强大脑",积极推进国际科学家创业基地、国际高端工业软件中心建设,集聚更多高层次人才团队来本区创业。

二、主要成效

（一）人才创业意愿动力明显增强

通过加大对高层次人才创业企业的启动支持和成长扶持，增进金融、土地、法律等发展性服务供给，高质量构建人才创业"一帮到底"的服务闭环。2020年，区级财力兑现各类人才政策经费6219.63万元，2023年以来一次性为四个领军人才项目拨付快速启动资金800万元。

（二）人才企业发展能力有效提升

通过"揭榜挂帅"等科研攻关模式，加快推进一批关键核心技术突破，推动人才这个"关键变量"转化为产业发展的"确定增量"，将人才资源转化为发展动能，实现"人才集聚、项目成长、产业发展"的良性循环。2020年，全区46家高层次人才创业企业迎难而上，创造产值3.15亿元。

（三）人才工作优质生态逐步形成

随着各项高层次人才创业企业扶持政策的精准落地，同步带动引才工作从"三顾茅庐"向"磁场虹吸"转变，人才的集聚效应进一步增强。仅2021年上半年，全区对接高端以上人才项目35个，通过对接洽谈、实地考察、研讨论证等方式，遴选优质项目17个，在人才专员团的精准服务下注册落地11个，其中7个项目已正式开业运行。

三、经验启示

（一）建设"发展平台"是基础

平台是引进集聚人才和发挥人才作用的重要载体。要树立"平台为王"的理念，持续优化产业平台、公共服务平台、"飞地"创新平台等，争取把平台做活做优、做大做强，放大吸附效应，为高层次人才创业搭好舞台，打造符合人才成长规律的栖息地，真正让人才优势转化为发展胜势。

（二）打造"创业福地"是关键

新发展阶段，人才竞争已不是单纯的优惠政策比拼，而是人才生态体系的较量。为此，要充分释放人才政策红利，持续加大创业金融扶持，推动人才政策和机制与时俱进、迭代升级，为人才创业供血输氧。要着眼人才关心的关键"小事"，构建"远者来、近者悦"的人才发展生态,大力营造"想创业、敢创业、能创业"的良好氛围,着力打造"群贤毕至"的人才高地。

(三)提供"成长机遇"是根本

高层次人才的创业动机主要来自内部驱动力和外部环境影响两方面,其中高层次人才的自我价值实现动力最强。为此,要多渠道、多形式加大对高层次人才创业企业技术创新的支持力度,帮助企业降低研发成本,根据企业需求精准提供创业辅导、金融服务及市场开拓扶持等,激发和调动高层次创业人才及其企业的创新主体活力和创新积极性。要畅通高层次人才成长通道,对高层次人才和高层次人才创业在资金、土地、政策、环境等各方面优先保障,不断提升高层次人才的获得感和满意度。

优秀案例篇

YOUXIU ANLI PIAN

打造"人才数字大脑" 提升人才工作智治水平

□ 浙江省湖州市委组织部

浙江省湖州市聚焦人才引育难点、服务堵点和管理痛点，让数字化、一体化、现代化贯穿人才"引育用留"各环节，打造浙江省首个地市级"人才数字大脑"。从"小切口、大场景"出发，系统推出人才"政策宝""引才云""聚才全链通"等多跨场景应用，着力实现人才政策"一键申领"、人才招引"一云统揽"、人才双创"一网通办"、人才服务"一码专享"、人才发展"一图感知"，有力推动人才管理机制重塑再造。

一、以一体化架构推动人才工作高效协同

针对人才类别多、涉及部门多等特点，对人才数据、人才系统、人才资源等开展"横向到边、纵向到底"全方位梳理，努力实现数据协同、功能协同、业务协同。

突出顶层设计。重塑人才数据流转机制，以人才项目申报为起点，以人才服务为终点，打造人才数据业务闭环，整合原有人才引育工程、人才政策申兑、人才服务绿卡等系统，建立全市统一的人才流量入口，以数据动态更新实现人才信息全链条管理。通过采用数据集中存储、服务分布的架构模式，进一步发挥"人才数字大脑"集中管理、灵活高效等特点。

整合数据资源。跨部门、跨业务横向联通社保库、职称库、企业纳税库等数据源41项，跨区域、跨层级纵向打通区县数据库、产业平台数据库等数据源7项，外联获取企查查、学信网、知网等外部行业数据源作为补充，建立"人才数据仓"，在摸清全市人才家底的同时，实现人才信息统一管理、统一更新、统一发布，夯实人才工作数字化改革的数据基础。

注重系统兼容。坚持省市县步调一致推进，积极对接省委人才办，落实浙江省"人才码"顶层设计，指导区县及时部署推广应用，为加快全省人才服务一体化提供了有力支撑。同时，超前布局数据交互接口，归集并上线多跨场景应用76项，为部门、区县创新应用提供数据支撑。

二、以系统化重塑丰富人才服务应用场景

聚焦人才创新创业新需求，通过流程再造、功能塑造、生态构建，开发"云上"人才综合应用场景，为人才提供便捷贴心服务。

打造"政策宝"云窗口。基于人才全息数据库，打造"政策宝"智能应用，为入库人才智能推送、申兑符合条件的政策，创新实现从"人找政策"到"政策找人"的模式转变。"政策宝"智能应用上线以来已为2844名新认定的人才定向推送并申兑房票、安家、购房（政策），推动人才政策"应享尽享"。全面整合梳理人才政务和人才新政，运用大数据技术推动人才政策申兑"减材料、减时间、减流程"，申报材料缩减量超过50%。截至2021年底，已服务11069人次申兑人才政策资金1.38亿元。

升级"人才码"云服务。遵循"区县互认、服务共享"原则，创新建立"人才码"一体化核销结算机制，持续丰富涵盖人才"衣食住行"的高频次服务场景，为人才提供医疗就诊、免费停车、观影健身、人才公寓等高效便捷的线下"扫码"服务。面向全球青年人才发放"人才全球码"，定制大学生"青春礼包"，来湖州即享优质服务。截至2021年底，已为广大来湖州的人才提供线下扫码服务20万人次。

构建"引才云"云平台。着眼人才发展资源供给端和需求端不平衡问题，联通归集市级及各区县所有人才网平台数据，紧扣湖州"4210"现代产业体系，精准分析招聘需求、应聘供给等数据，以供需适配度建立人才流动状态监测、岗位招聘缺口与饱和预警机制。截至2021年底，已整合有效企业信息1072家、岗位信息9304条、求职简历信息33万条，双向提供人才信息或岗位信息。

三、以机制化创新实现人才治理迭代升级

聚焦人才管理痛点，依托数字化改革，推动人才工作机制重塑，进一步强化人才项目精细化管理，着力提升人才治理现代化水平。

创新人才认定机制。优化全市各类人才引育计划申报机制和流程，推出人才项目在线申报、人才层次在线认定等功能，在人才项目常态化评审基础上，实行高端优

秀人才认定、工资薪酬认定、创新创业大赛遴选认定、区县举荐认定等六大认定机制。依托学信网、企查查等外部数据源，智能分析领军人才成长性、市场认可度等指标，为项目审核评审提供决策参考。截至 2021 年底，已收到"南太湖精英计划"等各类人才计划在线申报项目 500 多个，认定人才 800 多人。

创新项目管理机制。开发"聚才全链通"应用场景，围绕人才项目引进、监测、决策、服务"全周期"，整合人社、科技、发改、市场监督、税务等部门的数据资源，打造云申报、辅助评、智慧查、一页知、进退榜、分级帮等六大功能模块。通过数据多跨协同，与各级行政机关、市场化服务机构"多维链接"，实现链管理、链融资、链技术、链中介，推动产业、人才、创新互融互促。截至 2021 年底，已推动全市 152 个人才项目实现晋位提档，有力助推人才项目提质增效。

创新"揭榜挂帅"机制。健全完善"企业出题、政府立题、人才破题"协同机制，架设企业技术难题"揭榜挂帅"直报通道，常态化收集长期困扰企业发展的科技难点、技术堵点，筛选出企业关键核心技术和重大应急攻关项目清单。构建项目与人才双向通道，通过智能匹配、精准推送，实现湖州张榜、全球响应。截至 2021 年底，已在线发布技术需求 200 多个，揭榜 60 多个，带动引进各类高层次人才 500 余名。

四、以数字化赋能激发人才工作创新活力

统筹运用数字化思维、数字化技术、数字化认知，着力构建政府、企业、人才三方协同的创新创业生态，为加速人才集聚裂变增添磅礴动力。

赋能政府完善精密智控机制。实施"一人一码"管理机制，将"人才码"作为人才唯一标识，贯穿人才"引育用留"全生命周期。采用"大数据＋人工智能"技术，统筹人力社保、市场监管、税务等部门业务系统，绘制"人才云图"，搭建人才工作评价算法模型，智能获取并分析研判人才规模、人才结构、人才效能、人才平台、人才生态五个维度数据，形成人才竞争力指数，量化反映各地人才工作成效，并为下一步实现人才认定自动化、政策审批智能化夯实基础。

赋能企业发挥引才主体作用。全面覆盖上市企业、规模以上企业、高新技术企业等市场主体，通过政策宣讲、人才招聘、项目路演等在线活动，充分发挥企业引才作用。2021 年 1 月，依托"人才数字大脑"，启动"百校千企万岗"大学生招引"云端"直通车活动，共组织全市 1200 多家企业参加，开展高校专场"云推介" 52 场，招引人才 4822 人。探索设立企业人才指数，将人才密度和创新强度作为评价企业的重要标准之一，为推动企业主体发挥作用、实现人才强企动力变革提供决策依据。

赋能人才激发创新创业活力。着力破解人才融资难问题,在线推出"人才贷""人才投""人才保"等人才金融产品,引进海邦基金、一度天使等金融机构,优化人才创新创业环境。以"人才投"为例,截至2021年底,人才基金已投资浙江孔辉汽车科技有限公司、浙江博拉信息技术有限公司等人才企业累计5500万元。

加快工程师协同创新中心建设
助推特色产业"长高长壮"

浙江省绍兴市委组织部

一、背 景

浙江聚焦"全球先进制造业基地"的建设定位,针对传统制造业抗风险能力较弱、发展韧性不足,产业基础能力亟待提升的问题,通过探索试点工程师协同创新中心,推动人才更好赋能特色产业"长高长壮"。

作为浙江制造业布局的核心板块,绍兴围绕浙江省委赋予的"四个率先",特别是"率先走出腾笼换鸟、凤凰涅槃的智造强市之路"的目标要求,在建成首批省级试点印染产业工程师协同创新中心基础上,加快集成电路、珍珠、袜业等市级工程师协同创新中心建设,打造贯穿人才链、创新链、产业链的协同创新生态系统,形成特色产业和高端人才双向赋能、集聚裂变的良好发展态势。

二、具体做法

(一)聚焦企业"单兵作战"引才难,实施"协同共享"新模式

以协同创新中心为纽带,绘制从顶尖到基础、国内到国外、上游到下游的"工程师分布地图",让校院人才"接到地气"、小微企业"接上天线"、"土专家"找到"用武之地",激活产业发展的竞争力之源。

院士专家"领"人才。针对产业"卡脖子"技术、重难点领域,引进国际顶尖院士专家作为"灵魂人物",通过顾问指导、短期兼职等方式参与中心技术攻关。如集成

电路产业协同创新中心邀请邱爱慈、高文、郝跃等国内外院士 39 人，成立集成电路院士专家智库，专家团队现已牵头尖端科技攻关 5 项。

校地合作"聘"人才。印染产业协同创新中心与江南大学、东华大学等 4 个共建研究院合作，聘请入库印染产业高端人才 70 余名，打通高校科研成果转化"最初一公里"。建立省内首家集成电路科学与工程学院——杭州电子科技大学绍兴校区，为集成电路产业协同创新中心提供智力支撑。

深入车间"挖"人才。通过走访摸排、企业推荐、个人自荐等形式，挖掘散落在各企业车间具有很强实操能力的"土专家"160 余人，变原来的"单家企业所有"为面向整个中心的"共享工程师"，助力企业打通工程实现"中间段"。如浙江东方缘针织有限公司通过与原料方面的企业工程师合作，自主研发"菠萝袜""可乐袜"，成为 2019年度"网红袜"。

（二）聚焦行业"共性需求"整合难，打造"资源集约"新场景

集约场地、资源、设备等区域产业发展共性需求，引导区域内单体性、零星化平台有机联动，为工程师开展技术研发和中小企业转型升级提供精准、便捷、经济的配套保障。

打造最全场景。配套建设工程师工作室、研发实验中心、检验检测中心等多个应用区块，全市 4 个协同创新中心总建筑面积超 5 万平方米。其中集成电路产业协同创新中心设置 IC 测试、研发、实验等空间，兼顾培训、路演、休闲等功能，实现基础研发到落地推广"全流程配套"。

吸纳最强平台。集成电路产业协同创新中心集聚北京大学、浙江大学、西安交通大学等高校在绍科研院所 10 家，合作建立 IC/MEMS 封测平台，IC 应用研究平台，EDA/IP、MPW 服务平台等优质平台，并与工业和信息化部人才交流中心筹建集成电路产业国际智力创新中心，与清华大学微电子学院筹建国家集成电路产教融合中心，进一步推动优质科研资源导入。

制定最优机制。制定《工程师协同创新中心运行管理办法》《工程师协同创新中心人才管理服务制度》等长效机制，保障成果转化、项目交流、保密管理等日常工作规范推进。绍兴市级层面出台全国首个《集成电路产业人才服务专项计划》，建立组织、科技、人社、金融等部门和集成电路产业协同创新中心的联动机制。

（三）聚焦产业"核心技术"攻克难，搭建"成果应用"新通道

发挥工程师协同创新中心人才技术优势，帮助解决一批企业技术难题，推广应用一批成熟技术成果，孵化支持一批工程师创业项目，为产业固链、补链、强链持续

赋能。

"技术攻关"解共难。积极开展项目制、"揭榜挂帅"等关键共性技术攻关活动，全市入库工程师参与技术服务达1000余人次，解决企业技术难题180余项。如工程师王潮霞为吉麻良丝公司等7家企业破解"高性能大丝束新型碳纤维材料""印染废水恶臭废气生物治理技术"等7项印染产业共性难题。

"技术共享"降成本。印染产业协同创新中心针对行业共性技术需求，以"技术团购"方式推广共享"数字印染""功能性织物材料"等多项成熟技术，大幅降低企业研发成本，有效减少"前端消耗"。例如工程师王江开发的"印染企业数字化改造"项目，由中心购入推广，帮助企业降低技术改造成本30%，推动试点企业数量增加了3.5倍。

"技术孵化"强引领。积极争取资金、渠道等各类资源，支持入库工程师自主创业，累计孵化高层次人才创业企业530余家。如李军配博士入驻印染产业协同创新中心后，从事"大分子染料"独创专利技术成果转化，其创办的公司获本地印染企业500万元股权融资，开创了中心入库工程师与印染企业股权合作的先河，现已成功挂牌浙江省股权交易中心创新板及国际人才板。

（四）聚焦人才"个人价值"实现难，完善"数字赋能"新体系

围绕数字化改革"制度重塑、数字赋能"等总体要求，协同创新中心常态化组织产业工程师开展"云问诊""云培训"，打造工程师的训练营、孵化器、集散地。

搭建产业工程师"数字仓"。组建印染产业工程师人才库、技术成果库、企业需求库，以及中国轻纺城印染人才技术网"三库一网"数字仓，搭建集成电路创新网络互助平台和"人才技术超市"，打通协同创新中心和企业的对接渠道。

打通职称晋升"快车道"。以建设浙江省首个人才管理改革试验区为契机，开展职称制度改革试点，在特色产业共建研究院、头部企业、高新技术企业中试行中级及以下职称自主评审，并将入库工程师学习参训、实操能力、服务情况等纳入职称考评。

探索数智服务"全周期"。在浙江省率先探索"越智汇"数字化改革应用体系，实现安家补贴、租赁补贴、人才公寓入住等政策事项"无感兑现"，入库工程师通过认证"绍兴人才码"，可享受216家单位提供的交通出行、文体休闲等"全周期"专属服务，切实提升工程师的获得感和便利度。

三、取得成效

(一)实现产业人才"双向赋能"

通过协同创新中心的建设,人才引进集聚和产业转型发展均取得较大突破。截至 2021 年 5 月,累计引进入选集成电路、纺织印染等特色产业领军人才 1648 人,其中国家级领军人才 237 人、入库工程师 1044 人。2020 年,实现印染产业全产业链产值 1100 亿元,超全国产能 1/3;实现集成电路相关产值突破 300 亿元,2021 年 1—5 月产值超过 168 亿元,同比增长 93%,推动国家级集成电路产业创新中心建设取得积极进展。

(二)推动各类人才"各尽其能"

入库协同创新中心的工程师既包括高校科研院所的院士专家,也包括长期深耕一线车间的"土专家",同时借助人才发展体制机制改革的创新张力,让各级各类人才都能更好发挥价值、实现进步、获得保障。如樊鸣等运维工程师通过"人才技术超市",线上对接 20 余家企业,帮助完成车间数字化改造;印染产业协同创新中心与中国纺织科学研究院江南分院、上海市工程师学会等合作开展技能培训 20 余场,培训工程师 500 多人次。

(三)强化创新要素"协同集聚"

通过积极争取科研平台、服务机构、共性技术、资金渠道等共性资源,实现人才、技术、服务等各类要素协同联动、高效配置,给予特色产业发展"闭环式"支持。如珍珠产业工程师协同创新中心购入流量、浮现权等资源,与抖音、快手等电商平台签约成立珍珠直播基地,入驻直播商家 1200 余家,2020 年实现线上销售 147 亿元;印染产业协同创新中心引入环境影响评价机构、安全评价机构、设备维保机构等第三方服务机构,保障印染项目快速落地。

四、经验启示

(一)加强党委和政府引导是推动人才赋能产业转型升级的根本出发点

从我国提出建设人才强国、制造强国,到浙江加快建设"全球人才蓄水池""全球先进制造业基地",从绍兴开启传统产业集群化、技术化改造,到打造新时代"名士之乡"人才高地,产业和人才的深度融合始终是各级党委和政府推动人才事业发展的核心路径和根本宗旨。通过建设协同创新中心,我们也深刻体会到,唯有形成党委统一领导,各地积极响应、密切配合的工作格局,才能凝聚组织、经信、科技、人社等条线深度参与的协同合力,才能集聚更多急需紧缺人才赋能产业升级。

(二)唤醒企业主体意识是推动人才赋能产业转型升级的关键发力点

当今世界百年未有之大变局正加速演变,新一轮科技革命和产业变革风起云涌,而通过技术迭代实现转型升级,成为企业"长高长壮"的必经之路。作为产业转型的有力推动者、主要承载者、最终获益者,企业的主体意识强弱,决定着人才引进的力度、技术革新的高度、城市发展的进度。在建设工程师协同创新中心的过程中,从一开始相关企业的拒绝配合、被动接受,到后来主动对接、享受红利,我们深刻体会到,必须常态化开展生态推介、政策宣讲、座谈交流,充分唤醒企业招引人才、加快攻关的主体意识,以更好地激发人才链、创新链、产业链的协同联动效力。

(三)深化体制机制改革是推动人才赋能产业转型升级的重要支撑点

现阶段,人才竞争已不仅仅是人才能力的比拼,更是体制机制的较量。哪里体制优、机制活,高端人才就流向哪里,产业制高点和发展竞争力就转向哪里。作为协同创新中心,不单单是对人才、技术、平台、资源、服务等创新要素进行功能整合,而是要聚焦产业人才创新创业全周期"闭环",进行体制机制的系统性、重塑性变革。从推行聚焦工程师发展的职称制度改革,到打造线上供需对接的"人才技术超市"、"云问诊"平台,我们深刻体会到,唯有通过改革构筑更具"创造性张力"的多元发展路径,方能让更多敢想敢拼的产业人才在转型升级的大舞台上全心拼搏、铸就梦想。

把牢人才振兴主抓手　厚植乡村振兴"源动力"

□　浙江省淳安县委组织部

浙江省淳安县，农村人口 37.6 万人，占全县人口的 81.0%，农村土地面积 4071 平方公里，占全县总面积的约 92.0%，是浙江省名副其实的农业大县，也是实施乡村振兴战略的主阵地。近年来，淳安紧扣特别生态功能区定位，坚持"乡村振兴，人才先行"，聚焦刚柔并济强扶持，深化校地合作建平台，完善服务举措优生态，不断探索人才助力乡村振兴和共同富裕的有效途径，取得显著成效，入选"绿水青山就是金山银山"实践创新基地等。

一、智汇高端人才，乡村产业"强基固本"育新机

深植"产才融合"理念，紧抓省市人才西进战略契机，刚柔并济借力"最强大脑"，助力乡村产业振兴发展。

人才助力农企技术升级。创新建设"两山"高层次人才集聚区，吸引宁波大学千岛湖乡村政策研究院等 25 家机构入驻，为农企发展提供高端智力支持。淳安千岛湖龙冠茶业有限公司引进陈宗懋院士，创立茶园水溶性农药替代技术，公司产茶直供二十国集团（G20）杭州峰会、"一带一路"高峰论坛；大下姜春鑫蜂业有限公司引入福州大学陈文锋博士等蜜蜂专家，创新智能蜂箱，将蜂蜜产量提高 4 倍；淳安县鸠坑唐圣茶叶有限公司引进韩国汉城大学教授宋官祯，将兰花香茶叶的成功率提高了 30%，均价提高 1 倍以上，带动培养"茶博士"1000 余人，企业产值超过 500 万元；杭州进生生物科技有限公司引进享受国务院政府特殊津贴专家梁宗锁，在乡镇设立专家工作站，创新改良覆盆子膏方、覆盆子蜜饯等养生农产品，年销售额达 800 余万元，带动周边村民百余人"家门口"就业。

人才助力农旅业态更新。创新举办"2020 千岛湖论坛"之旅游峰会、产业对接会等，邀请联合国世界旅游组织专家库成员冯翔、北京巅峰智业创始人刘锋等 6 位专家做主旨演讲，聘任中国旅游研究院学术委员会原主任、全球休闲标准化技术委员会主任、世界休闲组织中国分会副会长魏小安等 25 名国内外旅游领域专家共同为乡村旅游等产业振兴出谋划策，引进乡村旅游项目 49 个，投入资金 12 亿元。此外，下姜村携手浙江旅游学院、福建农林大学，创办乡村旅游创新发展高级研修班，将红色旅游资源与新农村建设有机结合，成功入选首批全国乡村旅游重点村。

二、内育技艺人才，传承帮带"源远流长"谱新篇

聚力乡村文化振兴和产业振兴，实施专项培养计划，重点培养民间文化人才和产业技能人才，持续增强乡村振兴的内驱力。

培养非遗传承人才。深化"双百工程"燎原计划，实施"青苗工程""拔节工程""金穗工程"三大乡村文化文艺人才培养工程，给予非遗文化传承项目最高 8 万元的一次性奖励，重点培养根雕、刺绣、竹马等 19 个门类的民间艺术人才 1000 余人，培育淳安三角戏、淳安竹马等国家级非遗代表性项目 2 项，八都麻绣工艺、青溪龙砚制作技艺等省级非遗代表性项目 10 项。相继建成八都麻绣馆、鸠坑茶博馆等一批特色非遗和民俗文化展示馆，非遗人才"栖息地"不断扩大。

培育农技农艺人才。以五星级乡土人才评鉴为抓手，挖掘培育民间艺人和能工巧匠，2020 年培育国务院政府特殊津贴专家 1 人、"浙江省技术能手"和杭州市政府特殊津贴农业专家各 1 人，实现新突破。创新开展"新农民培育营"，引进上海市民俗文化学会会长仲富兰、陕西国画院副院长张华等文艺界大师驻扎乡村，打造西湖蚁巢艺术村等独具特色的文化乡村典范，培育农民画家 30 余人，并在上海中心大厦举办"我们的日子——千岛湖梓桐新农人绘画艺术展"，展出 61 幅村民原创油画作品，农民蒋小琴创作的油画《玉米》拍出 7500 元的高价，开创艺术振兴乡村新路子。

积极引导优秀民生人才到基层一线贡献才智，推动优质医疗卫生、教育人才资源"上山下乡"，提升农村生活品质，打造乡村高品质生活"样板地"。

医疗卫生人才下沉农村。成立三大医共体，建立医疗卫生人才区域共享机制，每年引进 90 余名省市医疗专家到县乡两级卫生院诊疗，同时选派 90 余名乡村医疗骨干赴省市三甲医院进修，实现高端专家常年进驻，本土人才加速成长。2020 年，三大医共体下沉医疗人才 2400 余人次，服务百姓 20000 余人次，实现百姓在家门口即可享受优质的医疗卫生资源。实施乡村医护人员轮训锻炼计划，每周向乡镇卫生院

下派 60 余名医疗卫生人才,平均每周组织进修学习 22 人,业务培训 26 人次。举办"外科高峰论坛"、中医适宜技术推广班等各类继续教育活动 28 场次,持续提升基层医务人员专业技能。

教育人才下沉农村。组建乡村教育联盟,实施骨干教师精进培训,建立乡村名师工作室,组织城乡学校对口援建,重点培养优秀乡村教师。柔性引进省市优质教育资源,落实"师带徒"计划,2020 年柔性引进专家导师 15 名,设立 35 个市级"名师乡村工作室",吸引 320 名中青年骨干教师加入工作室,涵盖从学前教育到高中教育的主要学科,乡镇覆盖率达 83%,实现培养"全国优秀教师"1 人、省特级教师 2 人、省市教坛新秀 60 余人,有力促进乡村教育质量提升。

三、回引专业人才,乡村治理"筋强骨壮"赋新能

创新农村社会治理人才队伍建设,重点引进专业化、高素质基层治理人才,为实现农村长治久安、农民共同富裕增强智力支撑。

选聘经营人才。创新成立大下姜联合体,在全国率先招聘乡村职业经理人,为"三农"发展注入创新活力,选聘知名文旅企业家黄立法担任经理人,以专业化运营团队助力大下姜乡村产业发展持续向好,实现下姜村集体经济总收入 151.33 万元,人均可支配收入 42433 元,有力助推区域共同富裕。

引导能人回归。纵深推进"一村一名大学生"培育计划,结合村(社)换届,创新设置部分村(社)干部岗位。创新成立在杭流动党员党委,统筹 25 个在杭流动党支部力量,做好在外优秀青年的"招、培、引",为村"两委"换届储备治理人才 366 人,引导 46 名在外创业青年回归投资发展。连续三年召开淳商大会暨新乡贤论坛,以"抢机遇、精对接"为原则牢牢系紧与乡贤人才项目的纽带,2020 年表彰"新乡贤创新创业基地"8 个、"新乡贤公益爱心奖"6 名、"淳安文化传播杰出人物"3 位,激发乡贤人才回归热情,现场签约项目 18 个,总投资达 10 亿元。

"万有鄞力"人才工作品牌的打造与深化

□ 浙江省宁波鄞州区委组织部

近年来,浙江省宁波市鄞州区相继出台《"热带雨林式"创新生态建设三年行动计划》《打造"热带雨林式"创新生态高水平建设全国一流人才强区创新强区的决定》,系统谋划推进"热带雨林式"创新生态建设。2019 年,"万有鄞力"人才工作品牌作为其重要内容和延伸重磅推出,并在百年未有之大变局下,进一步发挥有效作用,使人才创新工作取得一定成效。

"万有鄞力"人才工作品牌可化用"万有引力"公式来"解码",公式中各要素因子间相互吸引、相互作用。

$$F_{鄞} = G\frac{Mm}{r^2}$$

一、"G"是"引力常量"——增强多元聚合力,最大化引才常量

"万有鄞力"首要前提是吸引多方力量合力引才。

鄞州区推出"镇街招才引智动起来""云招商招才"等行动,镇街、部门等拿出实招新招,如乡镇(街道)中,中心城区的东胜街道成立全市首家直播人才培训孵化基地、百丈街道启动中东欧(宁波)人才联络服务中心建设,素有"龙舟之乡"之称的云龙镇出台"竞渡人才十条"等;如区级部门中,区总工会承办浙江省制造业工匠沙龙、区商务局举办第二届宁波数字经济高峰论坛等重要产业人才活动。

推出"海外合伙人""'鄞企舰队'智+"等行动,与企业、平台等市场化、社会化力量的合作更加紧密,区内龙头企业一舟集团"e舟智慧产业园"推荐41名高层次人才申报人才计划,入选5个;联合区内重点平台中物科技园建成全省首个"博士后工作

服务基地",已累计为全市设站单位成功引进博士后 22 名。

深化"区域引才共同体"机制,充分用好宁波高校院所资源,创新与高校、企业等联合引才新模式,推进人才联引、项目联报、平台联建等。近两年,先后与浙江大学宁波科创中心(宁波校区)、浙大宁波理工学院签订全面战略合作协议,与宁波诺丁汉大学洽谈人才专项合作协议,与驻甬高校院所申报省级以上"引才工程"近 50 个,接收高校教师挂职 6 批共 61 名,实现人才合作全面深入。

二、"M"是"质量 1"——提升政策竞争质量,让人才加速集聚

"万有鄞力"的一个重要分子是以完善的政策体系吸引人才。近年来,鄞州已逐步形成"1+10"人才政策体系,涵盖从顶尖人才到基础人才、从先进制造业到现代服务业、从海外人才到本土人才、从常规评审到直接认定、从上亿资助到"医食住行",并持续迭代升级,政策的覆盖面、创新性、灵活度走在全省乃至全国前列。如在省内率先出台《鄞州区企业实用人才评价暂行办法》,打破了唯学历、唯职称、唯论文的"三唯"论才限制,相关经验在全省组织系统人才工作者培训班上作交流发言。

2021 年以来,整合原"创业鄞州·精英引领计划"和原"泛创业鄞州·精英引领计划",全新升级推出"万有鄞力"引才工程,增设资本创业团队、青年人才、外裔创新人才等支持专项,创新推出薪酬补贴、以投带引、人才发展集团等特色做法。2021 年,全区已累计吸引 300 余个海内外高层次人才项目进行申报。下一步,将陆续出台《鄞州区高层次人才引荐奖励实施细则(暂行)》《鄞州区人才工作站、人才使者及引才联络点管理办法(修订)》等政策性文件。

三、"m"是"质量 2"——提升平台支撑质量,让人才加快成长

"万有鄞力"的另一个重要分子是打造能够成就人才的"舞台"来吸引人才。鄞州区重点打造 280 平方公里的宁波城南智创大走廊,按照"一带两中心三谷四园"的空间布局,由组织部(人才办)牵头,由十大单位领衔推进,从"三大路径"推进大走廊开发建设。

推进"两廊融合",深化"资源共享、点位共建、项目共谈"等模式,加大与省级平台——甬江科创大走廊——的深度融合,形成体制机制、资源要素、点位建设、人才平台、产业项目等五个方面的融合共识,目前已联合建设滨江文创谷、微电子产业园等近 30 个重点项目。

深化"廊内联动",推进十大点位优势互补、资源共享,提升廊内的活跃度和融合度。如人才创业园联合南部青创中心共同成功创建市级人才创业园,东部金融谷为浙江创新中心等点位高层次人才企业举办投融资路演活动等。

追求"廊外开花",组织大走廊对外推介,打响大走廊知名度,先后举办"万有鄞力"全球引才发布会、"万有鄞力"大会等系列主题活动 30 余场,引进高层次人才项目 50 余个。

四、"r^2"是"距离的平方"—— 造就一流服务力,缩短与人才距离

"万有鄞力"强调引才更要留才,留才也是引才。

第一个"r"是不断升级人才服务载体。主要是"一卡、一站、一系统":"一卡"指的是在首届"万有鄞力"大会期间推出的高层次人才精英卡,集成购房补贴、子女就学、配偶就业、医疗体检、商业保险、景点旅游、公共交通出行等功能;"一站"指的是推出宁波人才之家("万有鄞力"会客厅),按照市场化运营、开放式交流、集成性服务等模式,年均开展总裁早餐会、创客下午茶、沙龙分享会等特色活动百余场;"一系统"指的是按照浙江省"数字化"改革要求建设的"万有鄞力"人才创业创新云系统,聚焦人才创业创新"从无到有、从小到大、从大到强"的成长周期,集成全生命周期中各类服务事项,让人才通过"一个系统",就能在每个阶段享受精准服务。

第二个"r"是不断丰富人才服务内涵。以感情留人,做好"医食住行"服务。近年来,人才的安家落户、子女入学、家属就业、健康体检等基础生活服务均得到有效保障,已累计发放高层次人才安家补助 703 万元、新引进大学生购房补贴 5.3 亿元,提供人才公寓 280 套,组织 2300 余名高层次人才参加体检疗养。以事业留人,做好"创业创新"服务。给人才以舞台,让事业来留才。目前鄞州已基本形成从场地支持、贷款贴息、投融资链接到上市扶持的全流程支持体系,全程服务人才创业创新。如联合宁波股权交易中心,专门为人才企业提供上市辅导三年行动计划,2020 年以来,11 家人才企业正式挂牌。以荣誉留人,做好"礼遇人才"服务。在首届"万有鄞力"大会上,开通全省首列且为期 1 个月的人才专列,举办"礼赞 70 周年"人才爱国奋斗风采展;打造 80 平方米的"人才爱国奋斗红色展馆",高频高密度展示鄞州求贤若渴的赤诚之心和高层次人才代表的奋斗故事。在第二届"万有鄞力"大会开幕式上,正式揭晓吴慧明、薄永明、许颖等 5 名第六届"杰出人才"等。

自"万有鄞力"品牌推出后,成效明显。2019 年,据第三方权威机构发布的数据,鄞州人才净流入率达 13.3%,流入宁波的人才中近 1/3 流入鄞州;2020 年以来,新引

育国家"引才工程"等特优以上人才、新接收高校毕业生、新增高技能人才等指标均居全市前列,省市引才工程入选数均创历史新高。

成为逆势引才、开好"顶风船"的金名片。鄞州主动面向全球打响品牌,吹响了引才"冲锋号",通过云端推介、线上招引等,让海内外人才比以往更加了解鄞州,从而选择鄞州。

成为全民招才、打通"双循环"的新路径。改变以往"政府一头热""供需不匹配"等人才招引难现状,最大限度集聚多元主体引才,特别是在"双循环"背景下,助力企业、高校等联合储备一批急需紧缺人才。

成为生态聚才、争当"首选地"的主抓手。以统一的品牌不断集聚创新要素资源,助力"热带雨林式"创新生态环境打造,为人才落地发展提供企业链、创新链、产业链、金融链、服务链等全链条支持。

建立"六共"机制
有力助推长三角人才一体化发展

□　浙江省嘉兴市委组织部

近年来,浙江省嘉兴市奋力抢抓长三角一体化发展国家重大战略机遇,发挥接轨上海"桥头堡"优势,坚持"跳出小我、服务大局",以"小马敢拉大车"的胸怀和格局,携手长三角地区城市,在建立协商组织、共享人才平台、共办人才活动等方面率先探索、久久为功,不断擦亮"长三角人才一体化发展的倡议者、践行者和推动者"身份标识,形成了一系列成果和有益经验,有力推动长三角人才一体化发展。

一、路径共商,一张蓝图定方向

服务和助推长三角人才一体化发展是一个全新课题、重大课题,嘉兴市从"全方位、规范化、体系化"着手,提出思路方案。

2019 年 8 月,嘉兴市委联合浙江省委人才办,制定出台《嘉兴市服务长三角人才一体化发展的意见(试行)》,在载体建设、资源共享、人才活动、服务保障、政策机制等方面率先开展"破冰"式探索,吹响"落实国家战略、共促人才一体发展"的号角。

2020 年,进一步深化探索,出台《嘉兴市服务长三角人才一体化发展三年行动方案》,推出了高地建设、品牌打造、协作联通、共赢伙伴、服务升级等"五大计划",为长三角人才一体化发展提供了"嘉兴方案"。例如,探索建立统一的人才评价体系,建立户口不迁、关系不转、身份不变、双向选择的柔性流动机制;开通非本地缴纳社保人才享受嘉兴相关人才政策通道,探索人才职称、职业资格和高新技术企业跨域认定;等等。

二、联盟共建,一个组织活机制

长三角地区城市数量众多、能级高低不一。以往,没有一个大的平台或者组织作为纽带,各城市沟通成本高、效率低,人才一体化发展面临严峻挑战。嘉兴市坚持问题导向,推动建立事务共商、信息共享、难题共破的议事平台。

2019年9月,由嘉兴发起,上海、江苏、浙江、安徽三省一市的19个城市积极响应,共同成立了长三角人才一体化发展城市联盟,并在全国首创轮值城市负责制。目前,已召开三次联席会议,审议通过城市联盟章程,建立各类议事决策机制,发出"长三角人才一体化发展城市联盟嘉兴倡议"。

为推进倡议内容落地见效,嘉兴市创新"政府引导有力、市场运作有效、项目推进有序"的"三有"工作方法,推动城市联盟实体化运作,取得一定成效。比如,与第三方机构"楼友会"合作设立联盟秘书处,指导开展日常沟通联系、意见建议收集、城市加盟受理、人才资源共享等工作,2020年在秘书处的协同推进下,城市联盟共同实施长三角人才驿站、人才联评、人才绿卡、人才培训等4个试点合作项目,翻开项目化合作新篇章;成功吸纳江苏的南京市、无锡市、扬州市和安徽省的滁州市加盟,影响力覆盖至24城;嘉兴市与绍兴市联合举办高层次人才国情研修培训班,探索人才共育共培新机制。又比如,加强与第三方人力资源机构合作,累计向联盟城市推荐高端人才项目95个、高层次人才686人,受到联盟城市的广泛欢迎和一致好评。

三、平台共享,一座大厦成窗口

以往长三角区域没有以"一体化"的整体形象对外展示,没有实现人才集聚效应的最大化。为此,嘉兴市遴选地理位置优越、交通便利度高的"金角银边"区域,打造了包括浙江长三角人才大厦、浙江长三角高层次人才创新园、嘉善长三角人才创新园、张江长三角科技城平湖人才创新园在内的"一楼三园"。

特别是在浙江长三角人才大厦,专设了750平方米的人才一体化发展展厅,并开发线上参观功能,对24个联盟城市的人才政策、人才平台、人才活动等整体生态进行了全方位展示,并从现状基础、改革探索、愿景目标等角度,描绘了长三角人才一体化发展的实景图、路线图和远景图,打造成为长三角人才一体化发展的对外展示平台、全球人才了解长三角、加盟长三角的重要窗口。

为了持续吸引海内外高层次人才落户长三角创新创业,大厦常态化开展各类人才对接活动。比如,2021年承办了首届长三角"直播带岗"全球高层次人才云聘会,为15个城市、50余家用人单位搭建了一个链接全球高端人才的线上平台。

四、人才共引,一组活动塑品牌

当前,国际国内引才活动呈现高频化、高端化特征,人才竞争日趋激烈。相较于"单打独斗",联盟城市携手可以层层放大活动的规模、层次和吸引力,影响更大、效果更佳。

2019年,嘉兴将连续举办11届的"星耀南湖·精英峰会"升格为中国浙江"星耀南湖·长三角精英峰会",同时坚持"每个城市都是主场"理念,邀请联盟城市共同参与,打造成为长三角区域联合引才的标志性活动。在2019年的峰会上,联盟城市以"长三角"之名,联合开展30多项活动,吸引全球30多个国家和地区3000余人齐聚世界互联网大会永久举办地乌镇,会上首次发布G60科创走廊九城市高层次紧缺人才需求目录,招募4507名高层次人才,首次吹响组团引才的"集结号"。

2021年6月19日至20日,在建党百年之际,城市联盟20余城齐聚南湖畔,联合举办"重走一大路、追梦长三角、建功新时代——全球青年英才南湖行"活动,共推出100多家高端用人平台、500余个岗位,邀约近千名硕博人才集聚嘉兴、开展精准对接,现场61人被用人单位直接录用,219人进入企业实地考察环节,持续擦亮城市联盟一体引才"金名片"。

五、改革共推,一批举措破壁垒

长三角人才一体化发展是大势所趋,嘉兴市顺势而为,以改革创新为关键一招,加快打破阻碍人才有序有效流动的行政壁垒、制度壁垒,不断激发人才创新创造活力。

以示范区成效推动改革,充分吸收青浦、吴江、嘉善三地在人才高地共同建设、人才规划联合编制、人才改革共同推进等方面的经验,加强与长三角生态绿色一体化示范区执委会的合作,推动共认外国高端人才工作许可等5项示范区人才制度创新成果向城市联盟24城复制推广。

以自我革新拥抱改革,开辟"三省一市"重大人才工程直接纳入"创新嘉兴·精英引领计划"管理绿色通道,推动人才评价互认互准;创新实行上海等地在嘉兴工作人才无需社保证明即可享受购房补贴,探索实施通过人才飞地引进的高端人才在嘉兴购买自住房不受住房公积金缴存地限制等。

六、生态共筑,一套服务强保障

随着长三角一体化的不断推进,长三角地区各城市亟须在人才服务保障上增强协同、更上一层楼。嘉兴市积极与长三角区域其他城市开展合作,以交通、教育、医疗为重点,一体优化人才整体生态,让人才流动高效顺畅、无后顾之忧。

在交通方面,以铁路、航空、海河联运"三大枢纽"为重点,全力推进沪嘉城际轨道、通苏嘉甬铁路、嘉兴航空联运中心、海河联运等重大交通物流基础设施标志性项目建设,站城一体打造高铁新城高能级综合枢纽,推动与上海复合联动发展,构建与长三角重要城市的"一小时通勤圈"。在教育方面,与上海、杭州等长三角城市建立教育合作平台 6 个,开展合作办学项目 52 个,与上海普陀区、江苏苏州市、安徽芜湖市共同发起成立"长三角一体化四地教育联盟",推动区域内教育资源共享和质量提升。在医疗方面,实施"名医到嘉"项目,与 62 家长三角地区知名医疗卫生机构建立了合作关系,建立 255 个医疗卫生合作项目,开设专家专病门诊 600 余个,全市所有有住院服务的定点医疗机构全部开通长三角三省一市异地就医直接结算。同时,全国首创开通 G60 科创走廊长三角"一网通办"吴越专线,跨省域实现嘉兴市南湖区与苏州市吴江区人才政务服务事项"无差别受理""同标准审核"。